谨以此书献给我的父母

面向个体的教育

李希贵 著

教育科学出版社
·北京·

自 序

　　造成教师缺少激情进而职业倦怠的原因尽管有许多，但就教育本身来说，大一统、一刀切的工业化教育模式恐怕难辞其咎。

　　孔子提出因材施教已经两千多年了，在中国这块土地上，为了实现这样的教育理想我们从没有停止过努力，但是，坦率地说，这样的理想并没有在我们手上真正落地。道理其实很简单，如果仅仅站在教师的角度去殚精竭虑为学生因材施教，我们一个脑袋无论如何也难以关照好那么多学生的需求，尽管我们很用心，很敬业。

　　2010年9月，北京十一学校全面实施走班上课，我们试图通过不同学科在不同的学科教室上课，实现教学资源与学习过程的对接。一年后，改革进一步深入，学生开始选课走班，数、理、化、生每一个学科按难度分为不同的层次，而语文、英语、体育、技术则分类设置了近100个课程，每一个学生根据自己的兴趣爱好或生涯规划进行选择，这样便都有了一张自己选择的课程表。至此，一场静悄悄但却撼天动地的改革全面铺开。改革带来了学校形态的重大变化，尤其是行政班的消亡和班主任的淡出，给学校的教育教学以及管理工作带来了重大的挑战。

说实话，我们在应对挑战的过程中慢慢找到了一点教育的感觉，品出了一些教育的味道。没有了行政班和班主任的校园，让我们不得不放弃行政力量，而一直困扰校园的"教育不足而管理过度"的问题渐去渐远，平等的师生关系无须呼唤便出来，学生的真实与真实的学生让我们很容易找到教育的起点。当然，我们也遇到了从未遇到过的教育的尴尬与教育的挑战，第一次感受到了管理的捉襟见肘，因为在这样一个智慧奔涌、个性夺目的校园里，必须实现从管理到领导的过渡。而要做到这一点，则必须实施包括调整组织结构在内的学校组织变革。

　　这一切，我们都在进行中。尽管在很多时候和很多方面还不尽如人意，但是，至少有一点让我们充满信心，那就是我们的学校已经形成了一种面向个体的教育生态。4000多名学生有4000多张课表，他们组合成1430个教学班，因材施教的命运从过去教师的手上转到了学生自己的手上。选择之下，孩子们慢慢生长出了责任心和使命感；选择之下，他们发现了自我，唤醒了自我，我相信，他们也必然最终成就自我。

　　书中文章记录的都是我在这一改革历程中的感悟。我深切地感受到，当我们的孩子每一个都焕发自我潜能、发挥自我价值、成为最好的自我的时候，我们的教育就真的赢了。

目录

1

第五辑 | 教育学首先是关系学

第六辑 | 校长室在哪里

第十一辑 | 创建孩子们向往的理想学校

第一辑

帮助孩子在集体之外成长

当教育成了服务业

2001年，中国被批准加入世界贸易组织（WTO）的时候，其中的文件里把教育视为服务业，当时，着实叫我们吃了一惊。

一直以来，我们始终把自己从事的既高尚又伟大的工作视为太阳底下最光辉的职业，怎么就因为一个WTO，一夜之间教育竟然和端盘子的、洗头理发的混为一谈了？内心那个别扭劲着实把自己折腾了一段时间。

也是在2001年，教育部启动了第八次课程改革，据说这一轮变革与以往的课改有着根本的不同，其中一个突出特点就是增加了课程的选择性。明显的道理摆在那里，选择性的课程必然造就有选择权的学生，而有选择权的主体，是不是可以认定为我们的服务对象？

10年过去了，在今日十一学校的校园里，教育确实是在演变为服务业，而且已经不可逆转。

根子就出在课程上。

在学校的行动纲要里，我们把课程定位为学校的产品，我们决意通过对课程的构建和开发，尽最大努力满足不同学生的成长需求。于是，几年下来，我们把国家课程、地方课程和学校课程进行梳理、整合，于是，便有了203个校本课程。其中199个为选修课程，即使数、理、化、生，每一门学科也变为有5个不同难度的分层课程，学生完全可以根据自己的需求，选择不同层次的数、理、化、生课程，其他学科亦然。

学生的选择一旦进入校园，教师的角色就不得不重新审视。我们必须认真研究不同学生的不同需求，潜心开发适合不同学生成长需求的课程体系，而且，我们开发的课程还必然面临着学生选择过程中无形无声的评判。其实，在我们规划的课程链上，本身也无法回避课程评价这关键的一环。

说到底，我们是在通过开发自己的产品——课程，为我们的学生提供服务，教育确实演变为服务业，只不过是服务于学生成长的高级、复杂的服务业罢了。

当教育成为服务业，研究学生的需求必然成为我们工作的前提，而他们的需求千差万别又千变万化，挑战自在其中。于是，对话、谈心、咨询、诊断，"挖空心思"弄清学生，就成为校园教育工作的重头戏。

当教育成为服务业，师生平等就成为校园生活的基本状态，居高临下的姿态、高高在上的架势、教训的口吻、不屑的眼神全都将无法在这样的校园里藏身，需要的是我们每一位教师都放下身段、敞开心扉，以长者的责任和平等的身份与孩子们对话、沟通、合作，共同成长。

当教育成为服务业，就必然以客户的满意度作为衡量我们工作的重要指标。过去的教育，我们可以仅仅让上级肯定，或者让家长满意，孩子的苦累都是我们追求业绩的代价。今天不行了，我们必须把他们的酸甜苦辣放在心上，把创造快乐的校园当作我们共同的追求，于是，由孩子们来评价我们的工作也就成为常态。

当教育成为服务业，我们就需要调整心态。教育不是万能的钥匙，教育不能包治百病，教育需要学会等待。其实，只要我们把心态调整好，就会发现校园里的孩子们给我们带来的惊喜。尽管孩子们的变化不可能日新月异，但却可以从他们细微的变化中发现成长的期冀。教育需要小火慢炖，成长必须慢慢拔节，只有把心态调整好，我们才能够回归到教育规律的康庄大道上，走得顺畅自如。

平等对话，教育才真正开始

没有了行政班和班主任，学校一下子热闹起来，一时间，学生个性张扬，问题凸显，老师们面临着巨大的挑战。

最大的挑战来自平等。

一位曾做过20多年班主任的老师告诉我，不当班主任之后与一名学生谈话用了整整一个下午的时间，自己使出了浑身解数，但还是没有多大效果，这名学生仍然没想通，或者说，他仍然不以老师说的为然。于是，他们约定第二天再谈。这位老师告诉我说，这在过去他做班主任时是不可能的，那时候的谈话一般15分钟就能解决问题，没有什么学生想不通的事，现在看来，那时的教育并不真实。许多时候，学生在我们班主任的行政权力下被迫"想通"了，其教育效果的真实性却大可怀疑。

这位老师的体验刻骨铭心，代表着老师们放弃行政力量之后普遍的心路历程。在过去的校园里，我们按照行政组织的构架，把学生划分在一个个行政班里进行管理，一不小心，管理过度而教育不足的状况就会出现，当我们手里挥舞着警察的大棒时，布道的牧师形象便丧失殆尽。在威武的大棒面前，每一个人首先想的就是保全自己，于是，孩子们表面上变得很乖，而内心想的到底是什么，却很少有人追问。学校就这样把一批又一批看上去规规矩矩的孩子送出了校门，而任由他们在社会上暴露自我，教育在校园里也就失去了应有的机会。

真正的教育需要面对真实的学生。他们说的话来自他们的内心，他们做起事来不分人前人后，他们的思想随处可以真实地表达。这些真实的东西不一定都是好的，但恰恰因为如此，才有了教育的机会。在真实的学生面前，教育可以寻到真正的起点；在真实的学生面前，教育可以在每一分耕耘里有着相应的收获，即使这份真实的耕耘远比过去辛劳；在真实的学生面前，方能锻打出教育智慧的利剑。

然而，要想让真实的学生出现在校园里，却不是一件简单的事情，一个重要的前提便是师生平等的校园氛围。尊重、包容、倾听弥漫在课堂里，爱、帮助、欣赏在校园内灿烂，以最少的管理和最小的行政权力推动着教育的巨轮，平等的师生关系才会姗姗现身，真实的学生才会驻足校园。

还是以文章开始时提到的那位做过20多年班主任的老师为例。当几天后他与学生再一次谈心时，他做出了一个令学生惊诧的举动：他首先向那位学生道歉，理由是，他不该在第一次与那位学生谈了两个半小时之久，因为其中他带着一种一定要说服那位学生的先入之见，对话应该平等，不能够还未沟通即带着结果与学生对话。不曾想，老师的姿态有了立竿见影的效果，这位学生竟立刻向老师赔礼，因为他不该在老师与他谈话时出语不逊，他也为此致歉。尽管该生并没有就原本那件事让步，但他们之间却有了一条通往融通的道路。

创造属于教室的力量

教育学从诞生之日起，就特别强调环境育人的力量，然而，作为教育最直接的环境——教室，在育人的系统工程中所发挥的作用却不尽如人意。

我们无法理解这间房子，因为我们自己也弄不清楚这间房子到底应该是什么样子，尤其是它应该包含着何种力量。

我们赋予了这间房子太多的诉求，它属于班主任，属于语、数、外，属于理、化、生，属于史、地、政，每一位老师都希望打扮一下这间房子的时候，不伦不类就成为它的重要特征。老师们只好选择放弃，于是，在大部分教室里，只好让一些考试的口号横行。

终于有一天，在十一学校，教室成为学科的领地，每一位老师都有了自己的一间学科教室，教室成为学科学习的重要载体，从图书、挂图到药品、仪器，从作品张贴到学习方法介绍，每一个角落都彰显着专业和学术。当师生共处这样一个环境里的时候，他们发现，过去只能靠嘴和耳朵才能进行的学习，今天变得生机盎然，尤其是当观察、演示、实验、模拟、讨论交流与网上游历来得如此便捷时，学习也变得好玩了、有趣了。

还是过去那间同样大小的房子，为何会给学习带来如此重大的改变？教室里为何萌发出如此的力量？其实，我们不过尊重了学科学习规律罢了。在传统的教室里，所有的学科教学都面对着同样空洞、苍白的教学环境，大量的教学资源无法进入学生的学习过程，有着天壤之别的学科却在用着完全相同的教学模式，这样，违背规律必然成为常态，单调、无聊、低效、枯燥也一定是这种学习生态必然的基本特征。而学科教室的建设，一反常态，完全按照学科学习的需要配置资源，依据学科学习的规律装点环境，努力创造条件，让学生能够手脑并用、听说并重，当需要用枪时就用枪，当需要使棍时就使棍，学习生态自然平衡而和谐。

教室的力量还来自人格。有了主人的教室洋溢着个性，温馨、深邃、静谧；梦想、追求、压力，成了那些不一样的教室不同的主题词，于是，有着不同需求的学生便有了不一样的去处。当然，需求也会随着时间和心境的改变而改变，于是，选择也就成了学生们的家常便饭。

教室的力量还来自同伴。那些相约自修于同一间教室的学生，有的因为相同的志趣，有的因为共同的目标，有的因为相互合作，有的因为需要比肩竞争，他们因为各种缘由走到一起，却因此创造出相互影响的教育情境。这些本来的受教育者，却在不自觉间成为一种创造学习氛围的教育资源。

曾经在传统的学校里做过一些调查，让学生写出自己喜欢的10个地方，教室——这个他们天天待的地方始终不见踪影。今日，当我们进行同样调查的时候，我们已经在学生喜欢的前10个地方中发现了教室的名字，而且孩子们写下的已经不是一间笼统的教室，它已经带有斑斓的色彩和鲜活的性格，这样的教室才真正具有教育的力量。

发现那棵树

在原始森林中穿行，我们很容易被大自然的造化震撼，可是，当我们走出森林，让我们描述其中每一棵树的样子时，却常常语焉不详，因为我们心不在树木，满目不过一个壮阔的林子罢了。

所谓"不见树木，只见森林"，也同样被我们的传统教育习以为常。

每一年，我们都会迎来新一届学生，他们或高或矮，或胖或瘦，或多或少地闪烁着些许个性的亮光，然而，在我们教育者的内心，却早已确定了一个理所当然的主张，几年之后，我们希望把他们变成一样的孩子，让他们全都变成"好"学生。我们每一位教育者内心那个朦朦胧胧的好学生标准尽管并不一样，但确定无疑的是，我们必须殚精竭虑让学生走在同一条通往这种标准的大道上。

然而，那棵树与这棵树并不一样，有的需要在天空挺拔，有的则需要在河边苗壮；有的习惯于云山雾罩，有的却渴望阳光普照。经营森林的大自然无法关照千姿百态的树种，于是，物竞天择，适者生存，就有了黄山险峰的松涛和长白山白桦林的色调。

校园不比森林，我们没有权力通过竞争淘汰那些生而平等的孩子，我们的职业操守不允许我们只会欣赏松涛、呵护白桦。于是，如何造就一种新的学校生态，让百花争艳、百舸争流，让乌龟和兔子各显风流，发现每棵树的生存需求和生存价值，就成为校园里的重大挑战。

发现那棵树，不能仅仅靠教育者主观的肉眼，为之提供适宜的土壤、水分、气候、养料更加重要。自己最清楚自己的饥饱，对孩子们来说，能够为之搭建合适的成长平台，丰富可供自主选择的课程，则是他们自我发现的前提。中学三年都没进过实验室的孩子，如何发现自己成为科学家的天赋？埋在题海里的孩子，怎样判定自己是不是手巧心灵？所有的计划都由老师安排，所有的活动都由别人主宰，也就永远不敢肯定自己的领导才能。只有当一个孩子在高端数学里感受到智力的挑战，在科学探究实验中享受到不尽的乐趣，在戏剧课的舞台上认可了自己的领导韬略，他们才有可能萌生不一样的人生追求，因为只有在不一样的生态里，那棵树也才有可能变得不同于这棵树。

发现那棵树，需要教育者的胸怀。由于我们的成长经历和价值判断，也由于社会发展和历史积淀，在我们每一位教育者的内心，都早已有了一些理想之树的轮廓，甚或清晰的标准，如果没有时变事变的思维和宽广、博大的心胸，我们很容易像那个西方神话里的魔鬼，让每一个人全都躺在那张一样大小的魔床上，把他们锯得一样长。有时候因为敬业，有时候因为热爱，反而纵容了过度的教育，孩子们身上刚刚萌芽充满生机的枝枝杈杈，常常过早地被冠以"旁逸斜出"而遭扼杀。弗洛伊德说过，一个孩子即使在最慈爱的父母那里长大，他的内心也会留下很多创伤。我们长大后要搜索自己的内心，看看它藏有多少张"魔床"，然后亲手将它摧毁。

　　发现那棵树，需要去除校园里的权威。尤其传统行政班的管理模式，极容易造就位高权重的班老大，尽管我们的班主任都来自最优秀的老师，但是，由于过度的责任如高山压顶，情急之中班主任们很容易使出浑身解数、用尽全部的权力，于是乎，班集体很容易一统天下，成人与孩子在地位悬殊的较量之中很容易把教室变成一言堂的地方。责任并不在我们的老师，机制使然也。

让学生学会扮演不同的角色

　　学生选课走班，没有了行政班集体，开始时我们最为担心的是过去我们眼中的后进学生会不适应，没想到，在具体实施过程中，最不适应变革的，恰恰是过去的某些好学生，特别是有些长期担任班干部的学生，没有了过去有点炫目的职务光环之后，他们似乎找不到感觉了，迷失了自己的角色，一时间，竟找不到自己的位置。

　　我想起了自己在担任高密市教委主任期间在一所初中兼任助理班主任时，遇到的那位初二的学生。他从幼儿园开始，一直不间断地做了11年班长，没想到初二时在民主竞选中落选了，其中尽管有各种原因，但最主要的原因是，他长期的班长经历，使他更多地关注老师的感受，而忘记了他的服务对象——同学们的需求。按说，干部能上能下本也正常，但对他来说，这却成为晴天霹雳。他不仅无法接受这一结果，而且也无法面对不当班长之后的学校生活，以至于一个人离家出走一周有余。很明显，11年的班长生涯，已经使他不会当群众了。

　　不时地听到一些调侃的段子，说到一些刚刚退下来的领导干部迷失了自我，他们一旦离开主席台和麦克风，竟不知所以，不再批示、画圈的日子使他们备感煎熬，以至于让家人无奈之下，创造出许多应对措施：有的花钱请来某些过去的下属，让他们轮流来拍马溜须；有的自制报告单，每天请示一日三餐的菜单，使之每天仍可以画圈、批示。表面上看，这些段子似乎全是笑话，但我们却很容易从身边发现某些领导干部类似的影子。其实，不必奇怪，一个人如果几十年都在扮演着一个角色，一旦改变之后，的确难以立刻适应。

选课走班之后，每一名学生都有着各个学科不同的教学班集体，在难度最大的数学教学班里，一位学生可能是全校瞩目的"学霸"，但在《歌舞青春》音乐剧里，他可能是一个跑龙套的角色；在生物学科教室里，他已经俨然成为学科助教，而在机械技术的课堂上，他却不过是一位初级学徒。当每一名学生在每一个学期里都选择在近十个不同的教学班集体里学习、生活时，每一个团队都需要他重新寻找自己的位置，扮演不同的角色，贡献自己的努力，承担自己的责任，他在每一个团队中的位置如此不同，谁都不会以他在另一个团队里的地位来确定他在本团队的位置，因为现在的教学班，已经不是那个固定的同学们天天厮守在一起的行政班，已经没有了官方赋予的地位和光环，一切需要重新努力，一切全凭素质与实力。

曾经与台湾的一位校长交流，他告诉我，在学校里他每年都要带着学生们打扫厕所，以培养学生乐于做小事的品质，没想到，有一天一名学生向他说：校长，今后我永远不可能会轻生自杀的，因为我连厕所都可以打扫，没有什么事可以让我灰心。如此看来，多一些经历可以减少一些人生危机。同样，一个人只有敢于也能够在云谲波诡的人生中扮演不同的角色了，他的人生才是安全的，也才有可能是丰富多彩的。

结识志趣相投的伙伴也应成为教育的目标

美国一位社会学家通过对大量不同类型的人士进行追踪研究后发现，一个人的财富，包括物质财富和精神财富，是他最亲密的5个朋友的平均数。这个研究结果很生动地诠释了朋友对一个人成长与发展的重要意义。

事实上，在我们身边或社会上发生着的若干案例，一再向我们证明着同伴的重要性，从比尔·盖茨、乔布斯到杨元庆、马云，他们神话一样的成功，都让我们看到了志同道合的同伴的重要影响。

在传统的学校里，教育的全部意义可能就是教给学生知识，当然，往好的方面延伸一些，可能还培养学生的能力。可是，如果我们从教育的终极目标来看，却应该是通过挖掘他们的潜能，培育他们的人性，不断推进孩子们的社会化，让他们走向成熟，学会生存。生活在社会里，不是仅靠知识就行的，甚至仅有能力也是不够的，因为其中有一个一直被我们教育者忽视但在社会生活中却十分重要的条件，就是要有志趣相投、鼎力相助的同伴，这样，他们在社会的沧海横流中才会有搏击风浪的同行者。

然而，在孩子们长大成人的关键时期，我们的学校教育却没有将孩子们要结识未来社会生活的同伴作为自觉的、理性的使命。因而，我们的学校改革尽管越来越"轰轰烈烈"，但却始终没有设定帮助孩子们结识志同道合同伴的教育目标。在我们的内心深处，我们并没有把同伴作为孩子们未来人生的重要支撑。于是，尽管学校的规模在不断变大，在有些地区甚至出现了万人中学，但是，就一名学生来说，他交往的范围却始终囿于一个行政班里。且不说这种教学组织方式会使孩子们在交往的同伴数量上受限，更大的问题是，行政班的人为划分，很难使更多志趣相投的人走在一起。

经验告诉我们，只有志趣相投，才容易成为朋友，也只有志趣相投，才更容易走在同一条事业之路上，进而走在同一条人生道路上。经验也告诉我们，最容易成为一个人终生朋友的人，往往出现在人生观、价值观和世界观形成的关键时期，也就是中学时期。而这个时期的中学教育，是否应该重新审视自己的定位，将学生结识更多志同道合的同伴列为自己的使命？

其实，选课走班除了满足学生对课程的选择，有效落实因材施教的教育原则之外，还满足了学生结识更多同伴尤其是志同道合的同伴的需求。每一名学生，每一个学期大约在10个教学班里学习，在物理V里，他们找到了那些痴迷科学的孩子；在数据库和网络互联的课堂上，他们结识了未来可以一同进军云计算的朋友；在服装设计与制作的T台走秀中，他们有了一次次艺术细胞的裂变与生成。我相信，这样的学生，报考同一个大学专业的会越来越多，未来一同创办公司的也会越来越多，当他们可以因为兴趣进而因为事业从青春花季走到事业与人生辉煌的时候，教育就可以为之欣慰。

寻找团队精神

如果有人问选课走班对学生最大的挑战是什么，我相信大部分学生的回答是有关归属感的问题。就是说，他们长期赖以安抚心灵的港湾——行政班集体消失了，他们会很长时间不知所措，不知道自己属于谁、依赖谁，尤其不知道该把自己的灵魂放在谁的手上。

其实，做过班主任的老师大都清楚，从组建起一个新的班集体，到形成一个有凝聚力、向心力的团队，往往需要一个漫长的过程，这期间既需要智慧与汗水，也需要耐心与等待。当一个"结结实实"的集体形成之后，每一名学生在其中又很容易固化已有的角色，尤其是在集体主义的旗帜下，有时候，由于过分强调集体利益重于或大于个人利益，往往不同程度地在侵犯甚至剥夺集体内个体的利益。表现在班集体的管理中，以牺牲学生个人发展为代价的大量一刀切的行为就往往成为常态。可是，当大部分学生，尤其是在班集体中处于主宰地位的骨干学生习惯于这种集体生活的时候，会让大家习以为常，一旦失去了这样一个集体，大家反而找不到自己了。其实，从根本上说，这是因为长期依赖于一个集体甚至一位老师而迷失了自己所致。

在一个成熟的社会里，我们更需要的其实应该是团队精神。团队精神，简单地说，就是大局意识、协作精神和服务精神的集中体现。团队精神的基础是尊重个人的兴趣和成就，核心是协同合作，最高境界是全体成员的向心力、凝聚力，反映的是个体利益与整体利益的统一，并进而保证组织高效率的运转。选课走班，对我们的教育追求是一次机遇，让我们思考学生们在融入10多个教学班集体的过程中，如何让每一名学生始终成为一个独立的个体，让他既是每一个团队的一员，又是一个独立的自己。他不再是班集体的附庸，也没有必要为班集体的追求去无谓地牺牲自我。教学班不是一个抛头露面、需要奖杯光鲜耀眼的集体，它的存在是由于每一名学生的成长和利益。在这个集体里，协同合作是为了集体中每一位个体的成长，凝聚力与向心力既来自每一个个体的境界，又为了最大限度地促进每一个个体。这样的集体才能使个体利益与集体利益高度统一。

当我们的孩子在内心深处明确地认定自己不属于任何人，他们可以在许多团队中扮演不同的角色时，他们才真正长大，也逐步有了公民的样子。这时候，他们肩上也就有了沉甸甸的责任。当然，也只有在这个时候，当他们融入任何一个新集体时，我们才能从他们身上发现未来社会需要的团队意识。

发现课程的独特价值

　　一名在戏剧课上担任了一个学期导演的学生告诉我，她现在真正明白什么叫领导力了。她说："领导力就是你尽心尽力地为每一位演职人员服务，不遗余力地为剧组的每一个部门提供帮助——当他们认同你的服务与帮助，全部死心塌地跟你合作的时候，你才真正拥有了领导力。"

　　听了这样的叙说，我内心十分欣慰，因为在上一个学年，她曾经选择了我开设的"领导力"课程，但是一个学期下来，尽管也有收获，但却并没有如此刻骨铭心的感悟。

　　为什么？因为不同的课程需要不同的实施方式，而对"领导力"的认识、体悟，包括内化，必须通过自我的实践与体验。只有如此，也才能真正实现其独特的课程价值。

　　造物主的偏袒使人类具有了如此众多的器官和天赋，如何发现、挖掘和发挥它们的潜能却只能靠我们自己。所谓手脑并用、听说并重、读写结合，我们已经说了许多，但真正在课堂里落地的情况却不容乐观。看一看今天的课堂，确实让人灰心，大家似乎早就忘记了不同学科本来应有的课程价值，把那些本来应该调动各种不同器官参与的课程，全部标准化、格式化了。尽管许多如火如荼的教学改革在校园里层出不穷，但大都躲不开大一统和一刀切的惯性，用一种教学模式横扫所有学科，用一种学习方式独霸所有课堂，课程设计时那些理想的追求和不同的目标全都仅剩下表面的分数。

设置如此丰富多样的课程是由于它们各不相同的课程价值，而不同的课程价值则需要不一样的实施方式。于是，我们建设了许多实验室、活动室和阅览室，设计了综合实践活动和研究性学习，甚至连校外实践也列入了课表。如果我们从内心真正希望孩子们在未来的人生中具有应对挑战的素质和本领，我们就必须在课程实施方式的多样化上做文章。

有一位家长曾经很兴奋地告诉我，她的儿子从小胆子很小，为了给孩子壮胆，她可谓费尽心思，光是各种历险记就让他读了不下二十部，但收效甚微，一直到初一在十一学校选择了马术课，在骑马的过程中，她的儿子才变得勇敢起来，许多孩子不敢做的动作，她的儿子竟然无所畏惧。

为什么？因为他自己独特的体验帮助了他。在一次次与马的互动中，一次次的冒险尝试让他有了成功的体验，甚至让他明白了，在这样的冒险中，只有选择勇敢才能避害为利，慢慢地，内心体验的积淀终于成就了一个人的品格，而这些却不是靠书本知识就能解决的。

课程一词最早出现在英国著名教育家斯宾塞《什么知识最有价值》一文中，它是从拉丁语"Currere"一词延伸出来的。它的名词形式意为"跑道"，由此可知课程即为不同学生设计的不同轨道；而它的动词形式则是指"奔跑"，这样一来，课程的着眼点就应该放在个体认识的独特性和经验的自我建构上。如此，课程的独特价值往深处说，还是应该尊重某一个特定孩子的需求和不一样的成长方式，如果我们能够在可能的情况下更多地开辟一些每一个孩子"奔跑"的"跑道"，课程的价值将会在每一个不同的孩子身上显现得更加明显。

帮助孩子在集体之外成长

没有了行政班的第一个年级学生大会召开，400多名学生三三两两、零零散散地去了会场，老师们心里的滋味难以言说。想起过去开会的情形，都是一个个班排着整齐的队形，齐刷刷奔向会场，也有零散去会场的，那都是老师。今天，学生和老师都一个待遇集合开会了，怎么想都有点别扭，可也奇了怪了，如此一盘散沙一样的集合方式，会场上却一个学生也不少，他们全都按照通知的时间到齐了。

其实，这正是孩子们未来生活的常态，校园里应当慢慢提供这样一些未来生活本来的样子，让他们提前适应，这也正是教育最终追求的社会化目标。

人生在世，当然不能游离于集体，一个人也当然需要集体主义精神，需要团队意识，但大部分情况下，特立独行的时候应该更多，许多时候，需要独立思考、自我判断、躬行亲知，而且也只有每一个个体把自己的命运掌握在自己的手中，这个世界才会变得更加安全，也只有每一个个体都能够在适合的时间、适合的地点做着适合自己的事情，这个世界才能够处处充溢着活力和幸福。事实上，零零散散地做一些无须大众统一去做的事情应该是一种常态，反之，如果什么事情都统一步调，集合大家一起齐步走、"大呼隆"，倒往往既违背人性，也违背事情本身的规律。

让一个人学会在集体之外成长，是对今日校园的新挑战。传统的教育学教给我们的大都是把孩子放在集体中教育的方法，这样的教育确也卓有成效，因而，在长期的教育实践中，我们似乎也更留意这种情况下的智慧。许多时候，我们常常忽略了某个特定孩子的个性、兴趣、需求，而一味地让他们到集体中察言观色、见风使舵、顺水推舟，甚至以牺牲个体利益为代价去迎合集体的意志。这样的教育短期看确实成就了我们愿意看到的一个集体，但却让未来失去了社会必需之公民。

每一个人只有在自由的状态下，才能逐渐学会自律，也只有如此，才能使之学会自主生活。生活在集体之外的时候，每一个个体就需要自我认知，需要明确自己的人生方向和行走方式，有时候也可能漂泊甚至横行，但也只有如此，才会让他遍尝碰壁的滋味。当他们作为一个个为自己的一切负责任的个体参与到集体生活之后，个体和集体都会更加有力量。

今日的校园里，我们已经习惯于组织各种教育，动辄全校、全年级、全班，一刀切全参与的活动泛滥，我们更多的时候见到的是森林，而对其中每一棵树的情况却不甚了解。如果我们希望让孩子有一些常态的个性化的成长，理应改进校园里的教育生态，创设更多的作为个体方便参与的情境和氛围，让孩子们在其中如鱼得水，把那些不必集体组织、适合个体行动的事情全部交给一个个独立的孩子，造就在集体之外成长的良好生态。同时，我们的老师也要为自己补课，认真探讨在如此的校园里，如何在集体之外呵护孩子们的成长，这其中也同样有教育的机智。

克服自由恐惧症

如果有人问你对自由的态度，一定会得到肯定的回答。但是真正遇上事实的拷问，却并不尽然。没有了行政班的栅栏，学生的所作所为大部分逃离了老师的眼睛，他们在校园里显得很自由了，可是，我们当老师的却害怕了。

有一位做了十几年班主任的女教师，想找两名学生聊聊，可从早到晚整整找了一天的时间，竟没见到他们的踪影。他们离开老师的视野后到底在干什么？会不会放任自流？有没有谈情说爱？这一切都没有办法找到答案。这位有着强烈责任感和事业心的女教师越想越怕，以至于哭着回到家里，不想爱人倒反诘她说："你们取消行政班，不要班主任，不就是为了给学生一些自由吗？现在学生自由了，你们又害怕了？"

爱人的诘问让这位女教师心中一颤："可不是吗，我们已经习惯了让孩子们始终在自己的眼皮底下做事情，把他们的一举一动、一言一行置于我们的监管之下。可这样下去，我们什么时候才能放心，他们什么时候才能长大？"

年轻的时候我们总喜欢吟诵裴多菲的名篇"生命诚可贵，爱情价更高；若为自由故，二者皆可抛"。这首诗尽管有些悲壮，但它却淋漓尽致地写出了人类对自由的追求。自由是值得人类倾力追寻的生存理想，可是，如果连引领孩子们长大成人的校园里也缺少自由的氛围，如果我们当老师的都恐惧自由之后的孩子们，我们就难以培养出适应民主社会的公民，更不可能造就追求自由甚至可以为自由献身的新一代。而且，从人的成长规律来说，也只有在自由的状态下，孩子们才有可能真正形成自律意识、自主能力，进而形成对自己负责、对社会负责的责任心和使命感。

当然，自由的校园，对教育和管理的挑战大大增加。自由是由自己做主，在法律允许的范围内不受限制和约束。我们在校园里到底能在哪些领域、哪些环节，在多大限度上给学生更多的自由？如果学校的各项规章制度不能够在新的思维模式下加以架构，不仅学生们无所适从，校园的秩序也会出现新的问题，因而，重建学校制度，尤其是在学生参与下的制度建设就显得特别重要。

获得自由对每一名学生的挑战也同样很大，他们必须学会享受自由后的校园生活，自主能力亟须提升，自我管理成为必需，关心别人才会赢得同伴，弘扬团队精神才能找到集体的力量。马克思曾说，自由是闲暇时间的自主支配状态，自由是物质需要得到基本满足的情况下，人的一切发展创造潜能迸发而个性张扬的状态。尽管充满自由的校园生活给师生同样带来巨大的挑战，但是，令人欣慰的是，我们看到了孩子们越来越凸显的个性和充分释放的潜能。

第二辑

放手才有更多的教育机会

不要把学生都培养成和自己一样的人

连续在一个班里听了三节课，授课的都是各个学科的优秀教师，但听完之后的反思却让我陷入矛盾：如此一节一节的好课背后，留给了学生太多的期待，从课堂设计、问题讨论到作业训练，每一位老师似乎都希望班上的每一名学生都成为自己这一学科的专家，未来都报考自己所教的专业，甚至因为他们太爱自己的学科，也因为他们太爱自己的学生，于是，教学的标准在不断拔高，学科的专业性在不断增强，而学生的负担也由此而生。

近两年，围绕高中语文课程标准的编订和教材的编写，一直有些不同的声音，究其原因，归纳起来，基本是与高中语文的定位有关。作为基础教育的语文，到底是着眼于学生基本的语文素养，还是要把学生培养成文学家或语言学者，这是设计课程标准、编写教材时首先要搞清楚的。如果我们不是站在塑造不同个性、培养多元发展的各类人才的立场上思考，就很容易陷于学科主义，甚至会因为定位模糊而弄不清真正的教学目标。

说白了，语文教师、语文课堂，当然也包括语文课标和语文教材，不要总是把眼睛盯在培养未来大学中文系的学生上；而数学老师也不要给自己过于专业的使命，因为不是所有的学生都能成长为数学家，甚至连他们是不是需要每一个人都喜欢数学都可以商量。如此说来，在校园里，我们的音乐、美术、技术、体育等学科的老师们可能显得更加明智或者心态更加平和一些，他们对专业追求的淡定，反倒给了孩子们更大的发展空间。

要避免把自己的学生培养得如同自己一样，其中还有规避学生成长风险的原因。在我过去曾经工作的一所学校里，由于一位杰出的化学老师担任班主任，结果班上的学生在高考填报志愿的时候竟有接近80%的学生选择了与化学有关的专业。无须调查研究，我们即可知道，在这样一个常态的班级里，不可能有如此多的学生未来适合从事与化学相关的事业，造成这种结果的原因只是他们太热爱自己的化学老师而爱屋及乌罢了。可以推想，如果我们不从中干预，让学生再沉下心来想一想，在爱老师和爱化学之间加以区分。否则，学生们一旦进入了有一天没有他们心爱的老师的化学领域，肯定会有相当一部分学生后悔莫及。

我在高密第一中学工作期间，就让已经属行政班管理的学生可以选择自己任课教师以外的老师做自己的导师，现在，我们又在学生中推行"三导师制"，甚至我们还为许多班级配备了外教作为助理班主任。不知情的人也许会以为这是别出心裁，甚至会以为是出风头，其实，这是因为我们真的希望孩子们能听到一些多元的声音，得到一些多维的指导，让他们在接触多样性的过程中学会判断、学会选择，甚至学会批判。如果每一个班的学生都仅仅从班级那里接受和吸收，甚至他们一个个都像是班主任老师的儿子、女儿，教育的力量倒是大了，表面上似乎也成功了，但对孩子的未来却是大不幸啊！

因材施教与学会选择

孔子提出因材施教已经两千多年了，但平心而论，这一被教育界普遍认可的教学方式却并没有在我们的常态课堂里真正落地。

多少有识之士殚精竭虑，几代有志之士孜孜以求，但因材施教依然仅仅是我们的理想。也有那么一些一厢情愿的改革者，折腾到最后，往往让学生"被因材施教"，平添了孩子们无端的烦恼和更多的无奈。

想起了计划经济时代的粮票、油票和布票，那些小小的票证给人们制造了众多麻烦。

这一切，都是因为我们没有找到一条真正可以实现理想的科学路径，于是，做出违反规律的事情也在所难免。

在今日课程改革的浪潮里，无论学生还是老师，我们都在茫然、慌乱中呛了不少混水。我们苦苦追求的目标并不如人意，尤其是理想教育所不可缺失的个性发展特别让我们揪心。

其实，经济领域的改革应该能给我们以启发，一个"放开"的思维方式搞活了多少奄奄一息的行业，即使超级市场这样一个小小的商品经营模式的引入，也完全可以让我们做教育的为之一振。我们对学校的课程捆得太死，我们的产品学生无法选择，这是我们长期以来无法落实因材施教的根本原因。

因材施教首先需要识材。平心静气地说，面对着上百名学生，真正让我们从内心到外在、从个性到气质、从学业到人格充分了解、认识他们，就是有相当难度的，更不用说认识之后能否再为他们准备适合的教育。其实，真正认识自己的还是自己本身，如果每名学生都能在老师、家长甚至同伴的帮助指点下不断去追问自我、发现自我，他就会逐步明确自己的定位，弄清自己的发展需求。如果我们的学校能够通过课程开发为有不同发展需求的学生提供适合的课程、恰当的教育，而且教、学双方可以不断磨合、调整，我想，因材施教就完全可以真正在校园里、课堂里实现。

目前，我们已经将高中课程进行了校本化开发，单一的课程体系已变为分级、分类、综合的课程体系，学生已经在选择适合自己课程的过程中，从茫然无措变得越来越理性、有序。尤其重要的是，他们在每一次选择中都必须追问自己如此选择的理由，他们已经把每一次的课程选择与自己的学习、与自己的职业发展、与自己的人生方向连到了一起。尽管在选择的过程中他们可能会走一些弯路，但坎坷也是他们的财富，这些都可以成为他们下一次选择包括走上社会之后的选择的宝贵经验。

从助推器到发动机

一位家长朋友告诉我，近日孩子发生了巨大变化，每天晚上十点多了还在自己房间里大声诵读。他主演的是话剧《雷雨》里的周萍，大段大段的台词，背得熟练又充满激情。但在过去，逼他背一些诗词歌赋，都比登天还难。

我知道，这是我们尊重学生选择带来的结果。经过学校开发之后的艺术课程，其中有几门戏剧课，学生可以自主选择其中的任意一门，与其他有着同样选择的不同班级甚至不同年级、不同国别的学生组成一个剧组，每名学生在这个剧组里必须选择扮演一个角色，同时负责一项剧务，诸如服装、音响、道具、舞台美术，也可以是导演、摄像录像，甚或创编剧本。当然，在这个剧组里，大家都是在尊重每名学生选择的状态下分工合作，即使确需调整某一名学生的选择，也必须在沟通、协商中完成。

这样一个改变，带来了许多意想不到的效果。走在校园的路上，你随时会听到学生之间切磋他们扮演不同角色的心得；技术课上，许多学生因为选择了制作一件学校戏剧节上的道具或服装而倾情投入，以至于午休时间也泡在技术教室里；选择不同角色、不同剧务的学生在课堂上的思维碰撞火花四溅；教室里、走廊中、校园内则到处上演着云谲波诡的精神大剧。

孩子们的激情和责任弥漫校园，让我们兴奋，让我们反思。

就像一位哲学家所说，责任并不是一种由外部强加在人身上的义务，而是我需要对我关心的事情做出的反应。长期以来，我们一直在培养学生的责任意识方面苦恼有加。其实，从这里我们可以得到一些启示，就是说，如果我们希望让学生真正具有责任感，就应该帮助学生找到那些他所关心的事情。他关心的事情越多，他的责任心所及的范围才有可能越大。

在传统教育里，一切都是我们预先给孩子们设定好的，大一统的课程、千篇一律的教育、面目可憎的活动、一刀切的做法充斥校园。在这里，孩子们没有选择的权力，很难从事自己关心的事情。于是，他们丧失了活力，缺失了动力，当然也就不会有责任。

有则外国谚语说，人生是枚硬币，一面是选择，另一面就是责任。这则谚语告诫我们：只要你选择了，你就要为此负起责任。其实，它也同时告诉我们另一个道理，从选择中人们更容易找到自己的责任。

过去一直想不明白东西方教育的根本差异在哪里，我们经常慨叹我们的孩子没有动力，他们前行似乎总在靠父母、老师、考试等外部的助推器，现在看来，我们的教育中其实缺失了一样东西——选择。当学生有权力为自己的未来准备感兴趣和有意思的课程时，我想，他们才真正有可能在自己身上装一台属于他们自己的发动机。

在自由空间里培养自律意识

在我们的学期结构里，分为大、小两种学段，也就是在一个学期中间，划出两周的时间为小学段。小学段是学生的自由空间，完全由学生自主支配，任何学科不得布置任何作业，任何老师也均不得在小学段结束时组织任何考试、检测。

小学段里学生们欣喜若狂，他们像是从鱼缸里被放养到碧波万顷的大海，自由而欢畅。有的学生利用这个时间，把《家》《春》《秋》读了，完成了他埋在心底的夙愿；有的学生又一次翻出了《红楼梦》，像一个小小红学家，在自己批注得密密麻麻的书页上留下了自己新的灵感；有的学生借机躲到了实验室，把所有物理教材上的实验，学过的和没学过的，全部做了个遍；还有的学生因为身兼人大代表助理一职，收集社情民意，撰写建议和议案，小学段成了他们最给力的时间。

在局外人看来，小学段的安排有些乱，但每一名学生却感觉井井有条；特别令人欣喜的是，学生们在自由的空间里，萌生着自主精神和自律意识。一位学生在小学段结束之后的回忆中写道，"过了小学段，我天天过得都像小学段"，因为，经过小学段的历练，她养成了自主规划、自主学习、自主反思的习惯，而这一习惯的养成正是我们最希望看到的。只有孩子们带着这样的习惯走向社会，我们才可以放心。

当然，如果我们的育人目标仅仅停留在分数和高考上，我们也完全可以放弃这些看上去似乎不着边际的东西。我们完全可以把学生的时间全盘把握在教师的手上，我们可以把孩子们的精力和体力统筹安放在对考试有利的地方，像军营一样地管理学生，像制造螺丝钉一样地加工孩子，于是，我们会批量生产出一批又一批所谓的人才。如此的教育已经让校园内外的人们习以为常，但这样的教育却无法为我们的时代所容忍，它不仅让我们看不到民族的未来，也让我们"不看好"我们的现在。

其实，从教育学的意义上说，在没有自由空间的校园里，我们会丧失许多教育机会。在那些长期被束缚得规规矩矩的学生身上，我们已经很难感受到他们不一样的心跳，也很难发现他们充满个性的美丽的错误。当他们像机器一样出现在我们面前的时候，事实上也会使我们的教育智慧消融，教育能力退化。可是，当他们有一天离开校园之后，当他们重新获得自由的时候，孩子们该怎样去享用？

罗斯福有一句话值得我们品味，他说，没有自由的秩序如同没有秩序的自由，同样具有破坏性。在校园里待久了，面对着成百上千的孩子，我们特别渴望秩序，这是可以理解的，也是必需的。但是，我们必须创造一个具有自由的秩序，这不仅因为如前所述，在创造的过程中充满了教育的挑战，更因为要在这个过程中让孩子学会使用自由——一个不会使用自由的人不会有独立人格，而且也十分危险。

放手才有更多的教育机会

我们第一次实施小学段时，正如有些老师担心的那样，许多学生并不适应，他们或不知所措，或放任自流，或贪大求多。于是，一时间出现许多质疑的声音，甚至也有老师、家长希望取消这种问题丛生的学习方式。但是，支撑我们坚持下来的道理十分简单，如果我们今天不在学校里放手，让学生们将这些不适应、不成熟在校园里表露出来，那么，他们只能在以后的大学校园里或者工作岗位上表现出来；如果我们当老师的一手遮天，始终不让孩子们独自走路的话，他们就永远无法长大。即使他们学富五车，当他们有一天走上社会没人搀扶的时候，跌跤摔跟头可能才"宣告"开始。而在这其中，教育却丧失了机会，丧失了培养他们自主、自立的机会。

几年前，为了方便师生生活，我们打算在校园里开一家便利店，不想却引发了一场争论。反对的理由很朴实也很现实，一旦购买食品如此方便，就会有不少学生乱吃零食。可是，乱吃零食固然不好，但饥饿之下吃一点零食救急，却是很吸引人的事。而且，如果我们今天通过不设便利店，让孩子们不方便购买而防止他们乱吃零食，当他们明天走向社会，零食俯拾即是的时候，他们该如何应对？正确的选择当是创造常态下的教育情境，让教育在矛盾冲突中、在抵制诱惑中显示力量。

其实，还有许多小事也值得我们反思。由于诸多原因，我们大部分学校在规划时没有设置学生可以乘坐的电梯，在这里我们暂不去讨论这种设计是不是以学生为本，单从管理上就给学校添了许多难题，在有些校园里甚至已成为不治之症。于是，有些学校在屡禁学生乘梯而不见效的情况下，在电梯中装上了限乘装置，只有持有刷卡权限的老师才能乘坐电梯。硬件设施一改，似乎解决了长期让校方头疼的管理难题，但同时也失去了教育的机会。如果我们不能在乘梯和禁乘这一矛盾冲突的情境中，让学生明白在资源有限的情况下该如何使用资源，不让学生从内心明白在一个团队中如何以合理的方式尊重应该尊重的人，有一天一旦遇到类似的问题，他们将仍然是令人头疼的一群。

我们每天中午有一个校长与学生共进午餐的活动，但餐费需要学生自付，有时候，我也会把学生应付的餐费一起付了。于是，有人担心，这样一来，如果有学生贪便宜，天天来吃咋办？我相信这样的学生很少，即使有，那不恰好就是我们教育的机会吗？

一旦放手，校园里教育机会随处可见，而管理的缰绳一旦勒紧，教育便无从下手。如果我们天天盯着孩子，不让他们发生问题，其实只是掩盖了问题，让孩子带着这些看不见的问题走上了社会，把这些祸根留给了未来罢了。

发现和教育同样重要

　　身在一线的老师们，一直被一句"没有教不好的学生"所困扰。有些学校管理者遇到这样一句为自己的管理"撑腰"的口号往往心中窃喜，时不时在校园里挥舞一下这个不太招人喜欢的大棒。于是，大量急功近利的"硬教育"和许多不合时宜的"被成长"层出不穷。

　　其实，大量成功和失败的案例均告诉我们，要想改变一名学生的状态，教育固然重要，但发现他们成长的可能，找到他们闪光的地方，循着他们的个性放飞其理想，也同样是一条教育的康庄大道。

　　据说篮球健将姚明到现在也没有初中毕业证书，因为读初中的岁月正是他爱上篮球、迷上篮球、时时刻刻与篮球难分难舍的时期，也是成就今日篮球王子姚明的关键成长期。如果那个时候姚明的身边能够有一双发现的眼睛，也许这位篮球王子成长的道路会更加平坦、更加顺畅。很可惜，在那个年代的校园里，我们更多地寄希望于通过教育而改变学生身上的一些东西，大家往往盯住了每一个孩子的短板，我们过分希望每一名学生全部朝着我们设定的目标成长，全面发展异化为全科发展。于是，在过度关注学科教育的校园里，姚明的成长屡屡受挫，以至于成为校园里的另类，最后以肄业生的身份离开初中校园。

　　在我们学校的初二年级，曾经有一位惹人注意的女孩，她的内向似乎已达极致，即使是在狂欢的人群里，她仍然是出奇地平静，即使在交际晚会上，她也冷目以对。老师们有些忧心，他们希望通过教育来改变这个女孩，帮她走出成长的"困境"。当"教育"开始笼罩这名女孩的时候，老师们却发现孩子本身并不愿意自拔。后来奇迹出现了，在学校进行的多元文化理解日标志的征集活动中，她的作品力挫群雄，一举中标。老师们停下了"教育"之手而瞪大了发现的眼睛，这才发现女孩身上有着许多他们过去不曾留意的品质。内向的背后有着她的深邃，沉默的外表里藏着她的深刻，她的有限交际正是为了保护自己独特的精神领地。走近她，我们才发现，内向不是她的弱点，而是她的特点，甚至是她的优势。这个孩子后来的表现更加印证了这一点，因为她已成为校刊的美编，成为许多同学追捧的校园明星。更可贵的是，她有着强大的内心，有着丰富的精神世界，在许多问题上有着自己独到的见解。

我们太看重把一个孩子塑造成什么了，以至于我们忘记了他们实际上可能会成为什么。基于他们的基因，综合他们的素质，循着他们的兴趣，我们其实可以轻而易举地帮助孩子们实现属于自己的成功，成就属于自己的未来。但是，我们过分高估了教育的力量，我们常常闭上发现的眼睛，总希望时不时地拿出教育的法宝与成长的规律较量，于是，吃力不讨好，常常会成为我们的苦恼。

从"自理生活"到"自谋生活"

在2012年学校奖学金颁奖典礼上，第一次出现了学生为学生颁发奖学金的场面。高二年级的一名学生作为乐仁咖啡厅的董事长，用他们公司的盈利在校园里设立了乐仁奖学金，专门用来奖励那些有公益心且为别人有所付出的同学。

奖学金的数额并不多，他们公司也没有多大规模，但是，在这样一个咖啡厅经营管理的链条上，他们付出了很多，学会了很多，也感悟到了很多。

如果以功利世俗的眼光来看，无论是经营咖啡厅还是设立奖学金，这些事情似乎都与他们的学习、高考毫无关系，但是，如果我们审思一下学校的教育目标，从根本上说，最终还是为了孩子们的社会化。在社会化的所有内涵中，帮助他们完成从"自理生活"到"自谋生活"的社会化过程是对我们教育工作者的重大挑战，也恰恰是目前大部分校园缺失的。如果我们放大学习的概念，从推动孩子们"自谋生活"的能力提升方面思考教育，就会发现诸如乐仁咖啡厅一类活动的重要意义。

2009年，因为中标承包经营校园里的学生书店但缺少资金，有两名学生找我借钱。尽管由于希望锻炼他们自我筹措经费的能力，我没有完全满足他们借款的金额，但我还是从自己的稿费里借给他们四百元钱以解他们的燃眉之急。不想此事被媒体报道后，竟引来了许多学生尤其是许多初中生来找我借钱。借钱的理由有许多，但每一个都令我振奋，因为每一个理由都与他们的成长有关。但是，如果他们每一次成长都要掏校长的腰包，却不是一个好的兆头。于是，我又从自己的稿费里拿出了一笔资金，且一分为二，面向全校学生招投标，成立了两家学生投资银行。那些在校园里创业需要资金投入的学生，便有了一个类似社会上的融资渠道。当然，银行是否同意借贷，也取决于学生创业者的项目质量，包括他们的论证是否科学，预期是否光明。

从借钱到贷款的转变，不是因为校长为了解脱自己，而是为了让学校变得更像一个社会，更像那个未来学生们必须赖以生存的环境。校园里小池塘的水温、水深与将来那个社会大海里的水温、水深越是接近，我们的孩子便越是容易生存，也更可能有顺畅的人生。

少一些抽签，多一些选择

我们学校的秋季田径运动会三年有三个不同的主题，分别是国际奥林匹克运动会、世界民族运动会和五洲城市运动会，每个班分别代表不同的国家、不同的民族和不同的城市参加运动会。问题由此也产生了：各个班都希望能够代表那些有地位、有分量或者有特色的国家、民族或城市，而那些名声小的国家、民族和城市往往无人问津。于是，有人提出通过抽签决定分配方案，而且据说他们也在一些活动中实施得很"成功"。

我们当然不能同意这种"简单易行"的做法，原因其实也很简单，就是我们所有活动的背后都是因为教育，不是因为要完成某项任务。如果我们仅仅是为了尽快把运动会给开了，了结一件心事，那我们再追问下去，办学校本身就是自找麻烦了。我们为什么要把一群孩子集中起来，自寻管理的烦恼？

抽签的确是很方便的一种管理方式，但却带来许多教育的问题。抽签之下，我们会难以发现孩子们的潜能，让我们失去了展示孩子们风采的舞台；抽签之下，也只能让孩子们越来越相信命运，逐步会使之放弃努力、放弃追求，我们费尽心思希望培养的一些品质，却在抽签之下慢慢消解。

解决这个问题其实可以有诸多方式，选择便是其中之一。尽管让学生自主选择可能会出现撞车，但撞车之后却又产生出新的教育机会。当多个班级有着同一个选择的时候，竞标又成为培养孩子们公平、公正意识，寻找理论与实践依据的绝好机会，他们必须共同参与。他们当然也要有败下阵来的准备，而失败后反思的收益有时甚至超过成功之后的欢呼。

选择可以在校园里有诸多用场，不仅课程的选择令学生兴奋，即便是在一些细枝末节上，选择也往往可以给孩子们带来愉悦。像放开更多的自修室让学生自己决定自习场所，确定三个晚休时段让需求不同的学生自己确定晚睡的时间，等等。即使向学生发放奖品的时候，也可以准备更多不同的物品。尽管这些做法都算不了什么，但这样的事情多了，校园里会变得充满生机。

一些社会上可以普遍实施而且被认为切实可行的做法，拿到校园里却不一定是好的东西，原因很简单，我们面对的是未成年的孩子，我们实施的是塑造心灵的工程。

第三辑

让校园里生长学生的想法

心中要装大目标

在我们大部分校园里，指引人们的示意路牌一般都是设立在交叉路口，提醒你应该行走的方向。

在西方的校园里，我们又经常会发现另一种不同的示意路牌。这些标志一般设立在校园里的各个显要位置，它们其实是一个校园平面图，每一幢建筑都标有功用，学校的重要部门所在何处也要具体说明，同时，又提示你现在所在的位置。如此而已，至于应该选择哪一条路，则完全听任你自己。

两种完全不同的路标，从中似乎看到东西方教育不同的影子。在第一种路标里，我们更多看到的是"耳提面命"。你去何处、走何路，早已给你确定，它无须你多动脑筋，到任何一个路口，你都可以不由分说地循着指示牌的箭头方向前行，但目的地到底在哪里，却是一个始终不由你多想的谜底，更不可能由着你的性子或兴趣去选择指示箭头以外的路。这样带来的结果，便是所有的人都走着同一条路，拥堵也罢，坎坷也罢。

在第二种示意图里，我们更多需要的却是"选择"。面对这样的示意图，你必须驻足观察，首先要明确的是"我到底要到哪里去"、"我现在在哪里"，然后又必须研究适合自己的行动路径。这样的示意图需要你的大脑，你必须花一些时间思考，你必须自己学会判断，你也必须为自己的选择负责任，但在这个选择里面却充满了教育。尤其是，你的选择一旦确定，在任何一个交叉路口，你都不会犹豫、迟疑。

在我们的心目中，孩子似乎永远是长不大的，也无须告诉他们目的地在哪里，我们固执地认为，只要抓住了今天，就一定可以成就明天，我们对孩子们最担心的就是他们的眼高手低。

可是，如果我们连明天要到哪里去都有意无意地瞒着他，每走一步他都感到迷茫甚至恐惧，一个没有方向感的人该如何加快自己的脚步？

在我们学校的组织机构里，已经有了一个重要的机关，叫做学生咨询中心，每一个年级则有相应的咨询导师，他们帮助学生理清人生方向和职业目标。在学校的课程体系中，不仅有着若干个让学生了解社会、理解职业的社团和技术课程，而且还有近40个行业的社会考察课程。我们允许孩子不断改换自己的职业目标，不断刷新自己，这样的改变发生在中学里远比发生在大学里甚至社会上有着更低的人生成本。当孩子们在这些课程中认识了自己，认识了社会，确立了人生方向和职业目标时，他们便有了属于自己的动力。

1984年，在东京国际马拉松邀请赛上，名不见经传的日本选手山田本一出人意料地夺得了世界冠军。两年后，意大利国际马拉松邀请赛在意大利北部城市米兰举行，山田本一代表日本参加比赛。这一次，他又获得了世界冠军。为什么他会有如此传奇式的成功？他在自传中说，每次比赛之前，他都要乘车把比赛的线路仔细地看一遍，并把沿途比较醒目的标志画下来，比如第一个标志是一家银行，第二个标志是一棵大树，第三个标志是一座红房子……这样一直画到赛程的终点。比赛开始后，他就以跑百米的速度奋力地向第一个目标冲去；等到达了第一个目标后，他又以同样的速度向第二个目标冲去……40多公里的赛程，就被他分解成这么一些小目标轻松地跑完了。

这个故事确实告诉了我们分段实现大目标的智慧，确立一些看得见的短期目标的确有利于激发自己，而每一次实现目标又实实在在地激励了自己，但是，如果没有一个四十公里以外马拉松的目的地，人们同样无法理解每一个分段目标的道理。尽管我们从山田本一身上可以学到规划眼前目标的智慧，但真正支撑他成功的却是马拉松的精神。

教学生自己去解决难题

因为希望创造一个上下信息畅通的校园，我们建立了许多与学生进行直接沟通、交流的渠道和平台，因而也就有了许多学生朋友，他们的酸甜苦辣、风霜雨雪也就知道得多一些，帮助他们解决的事情也多起来。这样做，确实能够拉近管理者和学生的距离，也很容易赢得学生们的好感，但也要提防由此可能带来的问题。

我们的岗位职责尽管需要不断帮助学生解决问题，但是教育的本质却是教会学生自己去解决问题，因而，在可能的情况下和范围内，尽可能多地将解决问题的机会留给学生，是我们应该念念不忘的原则。

在一次"校长有约，共进午餐"的活动中，关于晚睡时间的争论在几位在座的学生中势均力敌。到底晚睡的时间应该提前还是拖后，我们没有自己去"接球"，而是把这个难题顺势抛给了在场的学生，让他们成立一个项目组，吸收不同年级、持有不同观点的学生调查研究，以拿出解决问题的方法。经过三个多月的调查研究、思想交锋和观点碰撞后，最终形成了一个开放式、选择性的解决方案。让老师们振奋、同学们满意的是，方案具有选择性，学校确定三个晚睡时间，让有着不同习惯和需求的学生自主选择。选择不同晚睡时间的学生分配到不同的寝室，不同的楼层或区域，这样既满足了不同个性学生的需求，又避免了相互干扰。此外，他们还提出允许每个学生每周有一次申请晚睡一定时间的制度，更是受到学生们的热捧。

有名在交响乐团表现很出色的学生，因为不太适应乐团的一些规定而苦恼，想向乐团的老师提出，又担心因老师不可能改变刚刚制定的制度而被拒绝，于是，他希望校长能出面干预。面对着孩子期待的眼神，我知道这件小事对他影响巨大，但我没有像他期待的那样去随意改变乐团的制度，而是与他探讨此类问题的解决方式。每一名学生最终都要走上社会，他们在社会上面临的难题远比在学校里更加复杂，当他们踏上社会自己面对生活，没有校长、老师的时候，他们该如何去处理此类问题？很显然，对话、沟通可能是最好的通道。但面对地位、权力远不是自己可以匹敌的对象时，对话、沟通的技巧又有多少？当面对面容不得弱势的一方将事情说清楚时，我们是不是可以有其他更有利于自己的方式？得到点拨之后，学生马上心领神会并变得信心满满，他明白了许多。在这里，解决问题已经和教给学生方法、锻炼学生能力联系到一起。

让校园里生长学生的想法

因为安全原因学生公寓限电，这给学生手机充电和电吹风用电带来不便，于是在学生的建议下，我们在学生公寓大厅安放了手机充电装置，并在每一楼层设立了专门的吹风间，以方便学生，这自然得到了学生的欢迎。

不久，在与学生共进午餐时，一名女生提出了许多建议，其中不乏一些建设性的、很有价值的想法。当我和在场的其他学生以赞许的目光看着她时，她笑了笑说："校长，你知道吗？在公寓里设立专门的吹风间的建议是我提出的！那是我为学校提的第一个建议，没想到几天时间就成为现实了！"

看着她那充满骄傲的神态，我想起来了，那是两个月前我收到的一条长长的短信，其中列举了她们住校生的许多苦衷，而且提出了很具体的可供选择的几种解决方案，短信打动了我，事情当然属必须解决之列。

我明白，我们的孩子之所以没有自己的想法，完全是因为缺乏生长想法的土壤。学生的想法在校园里能不能有人倾听，是不是得到尊重，尤其是可不可以变为现实，对他们来说实在是太重要了。

近一段时间，有关创新人才培养的会议、论坛、文章、话题铺天盖地，但局内人却喜忧参半。高兴之余叫我们忧心的是，大家都在笼统地搬运名词、贩卖概念，真正让创新人才培养可以落地生根的实招却并不多见。根据以往的经验，如果我们一线的校长、教师找不到自己的感觉，只是一味在文件和专家的话语体系下鹦鹉学舌，我们明天的校园就依然看不到创新的希望。

其实，身处校园里，我们完全可以不去"拨弄"一些名词、概念，而是下工夫寻找教育的真谛。教育其实首先应该在尊重的前提下施行。在所有的尊重里，如果我们不是发自内心地尊重孩子们自己的想法，那其他的尊重就难以成立。

于是，我们在网站上开发了若干个互动平台；我们把校长的手机号码公布给全校学生；我们将班级、学校各类活动的策划权交给学生；与学生密切相关的资源配置方案设计及设备购置招标也让学生参与甚至由学生主持；每月一次的校务会议中必有一项学生的议题并由相关的学生参与讨论、审定；作为学校的最高奖项，校长奖学金专门用来奖励学生的想法。

管理学的一个重要原理就是你希望看到什么，什么就会越来越多。当我们希望校园里能生长更多学生的想法时，一个生机勃勃的校园氛围就会诞生，创新精神自然也会在校园里蓬蓬勃勃。

过节的样子

2011年的最后一天，是学校的狂欢节。在以"迪士尼总动员"为主题的活动里，有八大系列项目，在一天的活动里如何确保狂欢节成功，大家想了好多点子。其中，有的学生建议，为了保障活动秩序，组建一个督查局，对学生所有的活动进行检查、评价，对不按规定行事的学生随时纠正，甚至通报批评。

这个建议没有被采纳，因为，这样下来，一天的狂欢节便会变味，校园里就不会有过节的样子。

过节的样子是什么样子？我想起了过去在农村过春节时的情景。在这一天里，所有的孩子似乎都特别轻松自由，因为，老人们有个不成文的规定，无论孩子在这一天犯了什么错误，也不能指责、批评。

正是出于这种考虑，我曾经与老师们商定，只要是学校设定为节日的日子，在这一天就千万不要轻易批评学生，甚至对我们的脸色也要格外注意。因为只有这样，校园里才会有一些过节的样子。

其实，单单是营造这样一个过节的样子，就很不容易。长期的文化熏染和传统影响，铸就了我们当老师的模样，似乎不摆出老师的架势，教育就没有权威，我们甚至会担心教育失效。于是，我们过多地把教育的责任和压力揽在自己肩上，试图靠绷紧面孔和不苟言笑来提升教育的效益。于是，校园里到处是规矩，课堂上无时不说教，学校变得不再生动活泼，孩子们也不再喜欢学校。即使有些学校为了调节一下校园生活，搞一些艺术节之类的活动，也被那些教育的标签贴得遍体鳞伤，一点儿也没有过节的样子。

如何营造过节的样子，其实也是对我们教育工作者的挑战。长期以来，我们已经习惯了"端着"自己，已经不知道自己在过节的校园里该是什么样子，有些同行甚至在这个时候很难找到自己，不会为自己定位，以至于当我们真的和学生平起平坐同乐时，甚至会引起社会的广泛关注。在以"迪士尼总动员"为主题的狂欢节里，全体师生每人都要扮演一个迪士尼的卡通形象，或迪士尼出品的影视作品中的人物，而校长扮演角色的决定权却被狂欢节策划委员会的学生们所"剥夺"，校长只能按照他们商定的结果行事。而这件事本身又是孩子们特别看重的，过去在校园里有着某种权威的人物，这个时候竟然要小心翼翼地听从他们调遣，这本身就有点令人神往。这是不是也算孩子期望的一种过节的样子？

许多家长与我谈起孩子的时候，总有相当比例的家长对孩子在家里的表现不甚满意。其实，他们也没有太多不满意的理由，只是埋怨他们没有像在学校里那样勤奋，总是显得懒懒散散的样子。在他们的期望里，如果孩子能够天天像一个上满发条的机器，在家里和在教室里一个样子，该能多学多少知识？我不同意他们对孩子们如此苛刻的期待，因为孩子们在家里就该有在家里的样子，这个样子万万不可像在教室里的样子。

一个孩子在成长中如果始终在绷紧的套子里挣扎，他就不会有健康的翅膀。许多时候，他们需要放松，他们需要属于自己的天空。如果我们能够有一些时间闭上紧盯着他们的眼睛，给他们一些自由，回报我们的也许正是我们希望看到的他们的自律和自主。

我们的生活里不能没有节日，校园里的氛围也同样需要节日的调节，但是，真正把节日营造成节日的样子却并非易事，观念的转变、游戏规则的确立依然任重道远。

让学生找到更多的同伴

曾经在刚入校的初一新生中做过一项调查，结果表明，在最不适应中学生活的原因中，有71%的学生是因为思念过去小学的同伴；在如何才能尽快适应中学生活的选项里，有87%的学生选择了希望尽快找到新的朋友。

这个结果又一次引发了我们关于学校本义的讨论。作为一个教育工作者，我们曾经一次又一次地追问：何为学校？说实在话，无论老师还是家长，我们更愿意把学校定义为孩子们学习的地方。可是，如果仅仅是为了学习，孩子们其实可以有诸多选择，他们可以在家里静静地读书，在网络发达、媒介多样的今天，更没有必要鞍马劳顿地来到同一个地方。但是，当我们站在孩子们的角度去思考的时候，我们可能会丰富甚至改变关于学校概念的内涵。

通过对学校本义的讨论，我们终于明白了，对孩子们来说，尤其不能忽略的是，学校应该成为他们寻找同伴的地方。于是，校园里活跃着的形形色色的学生社团有了新的定位，也有了进一步发展壮大的理由，打破班级甚至年级的学校选修课也如雨后春笋般涌现，学长团、同伴关系日为孩子们找到更多新的同伴推波助澜，学校的内涵越来越多地朝着孩子们自己的理解去演绎。

但是，这远远不够。因为，占据着80%以上学校时间和内容的必修课并没有去主动诠释孩子寻找同伴的内涵，在这些日复一日的传统的课堂上，孩子们被固定在同一个行政班里，他们朝夕相处的不过是一个四五十人的小圈子。虽然我们有些学校的规模在膨胀，但孩子们交际的圈子却没有得到扩大，尽管在课堂之外已经有部分学生开始与行政班之外的学生接触，但由于交际时间的缺失和合作空间的不足，他们很难成为志同道合的朋友。

曾经与一些去美国中学交换学习的学生交谈，当我要他们概括美国的高中教育与我们的区别时，他们说到的几乎都是"选择"；当我再请他们说出这种选择让他们感到最惬意的是什么时，出乎意料的是，他们绝大多数竟然说是在充满选择的校园里和课程中可以找到更多的同伴，尤其是有着共同爱好的同伴。基于这样的一些思考，当然更因为学生个性成长的需要，我们开始了教学组织形式的改革，将所有的学科分层或分类，让同一个行政班的学生选择不同的层次或不同的类型走班上课，甚至让初中和高中的孩子们选择同一门艺术课，排练同一台音乐剧，选择同一门技术课，制作同一个机械模型，于是，学长团在学术课堂上便可以水到渠成地自然建立起来，同伴关系在共同的兴趣下有了连接的广度和深度。在常态的课堂上，让学生能寻找更多的同伴成为常态，正是我们理想的追求。

在对教育的许多理解里，有一个说法需要我们长期封闭在校园里的人们不断想起，那就是，教育的全部意义在于不断地推进孩子们的社会化。其实，社会化是具体的，找到同伴并使之成为日后踏入社会的同盟或志同道合的朋友，正是教育的本义之一。

戏剧课，为男女生正常交往搭建平台

在学校管理活动中，我们的制度设计更多是在为男女生交往设防，从发型的规定、衣着的要求，到教室里座位的排定方式，以及在有些学校里屡屡出现的一些离谱的有关男女生交往的规定，都使学校变得越来越缺少一些青春花开的气息。无论对教育的挑战有多大，我们都不能人为地去隔断少男少女交往的通道。如果没有男孩、女孩的共同呼吸，青春便没有花季。而且，正常的交往渠道被切断之后，孩子们往往会选择隐秘而不正常的交往方式，这不仅不利于他们美好情感的培养，也给教育带来了更大的挑战。

我读高中的时候，正是"文革"后期，"左"的思潮在校园里泛滥成灾，男女生交往更是校园生活里的禁区。为了防止少年男女有不当交往，校方层层设防，费尽心机。但是，"文革"并不能改变青春花季的烂漫，许多学生把他们的交往转移到地下，反而弄得秘密行动"百花齐放"。其中一名男生为了创造与自己心仪的女生交流的机会，竟然选择了到女生家院子里偷杏的方式。当然，他只是装出偷的样子而已，在偷之前必须确认女同学在家，在偷的过程中又确保能被女同学发现，而在被发现之后，又"不幸"被女同学擒获，如此演绎出许多醉人心魂的故事。导演如此一出复杂的闹剧没有别的目的，只是为了和心仪的女同学多交流几句而已。可见，没有官方认可的正常交流平台，给孩子们平添了多少苦恼，而他们如此另类的交流渠道又让教育失去了多少机会。

近年来，为了让孩子们能够正常交往、健康发展，我们除了检讨、变革学校的管理行为之外，还立足于课程建设和课程开发，为孩子们健全人格的塑造创造条件，戏剧课便是为男女生正常交往搭建的平台之一。

我们在国家艺术课程标准的规定范围内，将戏剧作为艺术课程实施的重要载体，先后开发了京剧、话剧、音乐剧、舞剧等不同剧种和影视作品创作，每一个剧种又根据孩子们的兴趣爱好和课程实施的要求，选择了不同的剧目。如音乐剧里我们就选取了《花木兰》《嘎达梅林》《歌舞青春》《音乐之声》等一系列剧目让学生选择。无论选择哪一个剧目，每名学生在其中必须承担两项任务，一是扮演一个角色，当许多学生扮演同一个角色时，可设多个版本；二是承担一项剧务，在音乐、舞美、灯光、服装、道具、编剧、导演等多项剧务中至少选择其中一项。每学期结束后，每一个剧组都要在学校戏剧节上进行汇报演出，以取得学分。

在这个课程里，孩子们有了非常多的令人感慨的收获，但从学校的课程设计思想看，我们确实实现了自己的预期，其中之一即是处于青春花季的少男少女们，有了一个正常的被认可的交往平台。他们没有我们想象的那么庸俗、那么功利，只是在这个年龄成长必需的养料中，需要异性欣赏的目光、赞叹的口气和认同的掌声。当然，来自异性的提醒、协商甚至批评，反而更容易让他们收敛、妥协甚至改变。只要我们能够不时地给他们一些信任和鼓励，当然也包含适时、适当的一些提醒，他们的交往与成长都会令人欣慰。

重新定义早恋

　　经常有一些中学生家长找我探讨教育孩子的方法，在他们万般苦恼的问题中，孩子与异性交往占了相当的比例。每当这个时候，我一般会让家长尝试着想象一个情境，几年之后，当孩子上了大学或大学毕业之后，孩子仍然不喜欢异性同伴，不屑与异性朋友交往，这时家长该会是怎样的心情呢？

　　在教育部基础教育质量监测中心工作期间，我们启动的第一次监测就是针对初中二年级学生的心理状况。在诸多指标中，其中有一项是关于学生叛逆期的确认，监测标准告诉我们，如果这个年龄段的孩子已经出现了对父母的叛逆心理，则说明孩子的成长处于正常状态；反之，则不属于常态。如此看来，正常还是不正常不能以我们的意愿确定，其中自有规律和原则。

　　毋庸讳言，男女生交往过密肯定会带来许多成长的问题，也会给学校教育和家庭教育带来严峻的挑战。但是，没有正常的男女生交往，男女生之间没有相处的平台，更是青少年成长中的缺憾。作为教育工作者，如何正确认识和处理这一问题，有许多工作要做。首要的前提是需要我们重新思考早恋，让老师和家长以从容的心态面对孩子们身上必然会发生的情感。

　　长期以来，我们一直把男女生的交往过密定义为"早恋"。于是乎，从家长到老师视之若虎，当我们以一种如临大敌的心态去解决孩子们认为"很正常"、"没什么"的情感问题时，反差、错位、矛盾、冲突便不可避免，教育效果自然也大打折扣。

其实，生理科学和心理科学都告诉过我们，处于青春期的少男少女，是情感发育的关键期，异性之间的好感不但正常而且必需。男女之爱是人世间最美好的、最值得珍视的情感，如果一个孩子在特定的年龄没有这样一份特定的情感，反倒是人格不健全的表现。关键是我们如何认识孩子们这一正常的生理和心理问题，重要的是我们如何引导他们把握好这种情感。

这样说来，从教育的策略上而言，我们需要重新定义早恋。因为，如果我们一味地把男女生之间的交往过密甚至包括他们之间的好感定义为"早恋"的话，我们就很容易在焦躁不安之中对他们做出一些过激的事情。这种做法也必然会遭到孩子们的抗拒和抵制，因为在对同一件事情的理解和定义上，我们与孩子们有了不可调和的距离，这种情形之下的教育注定是要失败的。只有当我们把发生在青少年男女之间的这些爱恋视为他们成长之中必然产生的好感的时候，无论是老师还是家长才会以一种平常的心态对待，并可能以淡定的态度与之沟通交流，有效的教育才会发生。

几年前，曾经读到美国《科学》杂志上的一篇短论。加拿大的一位学者提出，随着基因组知识的增加，"疾病"这个术语需要重新定义，以防止人们把每一种基因异常都视为疾病。研究人员认为，如果没有明确的疾病定义，人们很容易认为许多基因差异都是疾病。所以，他们主张把疾病定义为"一种使个体置于不利结果危险增加的状态"。这一定义中的关键要素为危险，与危险无关的基因异常不能等同于疾病。事实上，也不是所有的基因变异和异常都与疾病有关。

重新定义疾病，已改变了众多病人的人生态度和医生的诊治方式，而我们重新定义早恋，也期待着能改变我们老师和家长的教育。

以学生可以接受的方式处分学生

为了学校的秩序，更为了学生的健康成长，学校都少不了有处分犯错误学生的制度，这些制度的执行必须公平、公正，来不得半点含糊，当然也不可能与当事人商量而打一些折扣。但是，处理的方式却是可以与犯错误的当事人商量的，因为我们所追求的是好的教育效果。

曾经有位恶作剧的学生用病毒摧毁了一位老师的计算机，被查实后，这名学生认错态度很好。按规定，必须告知家长，且需与家长共同商定教育措施，可这名学生向老师坦言，妈妈正在住院，爸爸脾气火爆，能否错开这次家庭危机，待他与爸爸下些毛毛雨，打点"预防针"后再做处理。该生的坦诚让老师感受到了延时处理的必要性，于是，教育的效果、孩子的成长，也因为我们选择了孩子可以接受的方式而大大地提高了效益。

许多时候，一名学生的错误对别人没有导致伤害，对这样的学生，就不一定选择"杀一儆百"式的公开处罚方式，完全可以用增加本人体验、有利于日后改过的方式去处理。

许多时候，孩子的错误系情急之中或是因为一念之差造成的，过后他们便后悔莫及。这时候，对他们的处理就远没有教给他们控制情绪的方式、方法更重要。当我们在帮助孩子的过程中发现许多可以让更多的孩子借鉴的东西时，处理的过程即可以做成教育和影响其他学生的过程。

还有些时候，我们会遇到一些性格偏激甚至"顽固不化"的孩子，这也是考验我们教育智慧的时候。可考虑成立一个项目组，凝聚全校各方甚至包括社会上有关专家的智慧，确定教育策略，寻找教育机智，把握教育时机进行教育，甚至教育的过程可以做成培训教师的过程。有人说，教育的力量有时候可以让石头开花，我们的体会是，当你真的把教育当作艺术来潜心研究的时候，就真的可以收到意想不到的效果。以学生可以接受的方式处分学生，给我们带来了更多的教育时间并因此拉长了教育的过程，于是教育也就有了更多的机会，但同时也给我们带来了更多的挑战。面对充满个性、各不相同的孩子，与之对话需要机智，与之博弈需要智慧，当然也特别需要宽容、耐心，尤其是当孩子们还没有真正从错误中走出来时，就特别需要我们学会等待，在等待中学会捕捉教育的契机。

　　当然，以学生可以接受的方式来处理，但决不能放弃原则，教育可以宽容但不能迁就，教育需要等待但绝不是后退。我们只是拉长了教育的过程，让学生表现出真实的改变过程，让处分的过程变成真正的教育过程，让处分的过程变成学生真实的成长过程。

第四辑

帮学生选择适合的学习方式

管理学生学习

当我提出每一位老师都可以成为一名管理者，都要管理学生学习时，我隐隐体察到有些老师内心的惊讶。其实，静心想一想，即使是对此心存狐疑的老师，事实上也不同程度地已经做了，只是他们还没有去系统思考、主动作为罢了。

学习是学生自己的事情，是决定我们管理学生学习的现实依据。现实中学了今天的内容不知明天做什么的课堂屡见不鲜，校园里天天按照老师的口令亦步亦趋的现象也不少见。既然学习是学生自己的事情，我们老师就有责任将学习目标、学习任务全面、系统、具体且及早地告诉学生。动力来自目标，压力来自任务，有了目标和任务，学习才会真正成为他们自己的事情，管理也就有了一个良好的开始。

学生是学习的主人，是我们组织教学的基础。一直以来，我们喜欢站在教的角度设计课堂，按照教学进度确定学习任务。其实，我们应该首先理清学生的学习过程，让"教"先退避在一边，把"教"暂时先剥离出来，设身处地弄清学生在这一过程中的起承转合，何处山重水复，何时柳暗花明，不愤不启，不悱不发。当所有这些都成竹在胸，再设计教师的位置，把自己放在一个灯火阑珊处。这时候的教，已经变为崭新的教；这时候的教师，也变为智慧的教师；这时候的教学组织方式万变不离其宗，那就是以学生学习为着眼点的教学。

　　管理学生学习，就不能忽略管理链条上的重要一环——激励。教师应该是鼓舞者，让学生始终有不竭的学习动力；教师应该是欣赏者，让学生在欣赏的目光下，变得自信阳光；教师应该把学生捧在手心，让学生像是躺在妈妈的怀里；教师应该帮学生攀上属于自己的峰顶，让学生一次又一次体验成功。激励不是教学工作的附庸，更不是课堂里的奢侈品，它应该充溢在教育教学的全过程，应该普照在每一个学生的身上。

　　评价是所有管理活动的导向性环节，管理学生学习当然不能例外。在这里特别要说明的是，这里的评价绝不能仅仅是传统意义上关注结果的评价，而且，评价不仅要关注过程，将学生在学习过程中的表现予以扫描和透视，还要将评价工作前置，在学习过程开始之前，就要与学生共同商定评价标准与评价方式，尤其重要的是要让学生明白为什么要评价。这样，对学生学习的过程，也完全可以放手，让每一名学生在评价的管理下创造属于自己的不一样的学习过程和学习方式。这样，学生的学习结果就不再是一个期末的分数，而变得立体、系统、生动。

　　每次听课，老师们基本都会在下课铃响的时候，为学生留下课后作业，一首五言绝句，课堂上仅仅让学生读了两遍，其他都是老师的剖析和师生的问答，而本来背诵三分钟即可在课堂上完成的任务却留在了课后。仔细分析下来，这其实完全可以放在课堂上完成。这里面隐藏着一个深层次的原因，许多老师从内心深处认为，课堂是老师的时间，而课后才属于学生，于是，讲台上的老师表演得淋漓尽致，教室里的学生却兴趣索然。

　　美国著名管理大师德鲁克有一句经典的话，他说，每一位知识工作者，都是一位管理者。事实上，面对着如此复杂的教学活动，面对着如此多样的教育对象，如果没有一个管理者的心态和胸怀，不去系统思考教学过程与学习过程，仅仅靠传统的讲台和教鞭，教师已经很难应对今日孩子们多彩的世界。

听课、观课与走课

说实在话，好长一段时间里，我都不太愿意去教室听课了。

为什么？因为我怕干扰真实课堂的自然流程，尤其是担心校长的"听"课为老师连篇累牍的"讲"课推波助澜。

经常有上课的老师在我们听完课的时候说，这节课本来是那样设计的，由于大家来听课，所以又临时改为这样了。我留心归纳了一下，绝大部分的改变，都是为听课的老师、领导增加了新的设计，删除的多是属于学生自己的时间和活动。我很是遗憾，但授课老师们的理由也挺朴素，他们认为，课堂里坐了那么多领导和老师，不"意思"一下不礼貌。这"意思"一多，表演的成分就显露无遗了。

看来，我们的听课方式甚至管理教学、研究课堂的方式真该从根本上改变一下了。

在许多年前，上海的张民生先生曾提出，要从听课、评课走向观课、议课。对此，我十分赞赏，两个字的改变包含了教育观念的诸多转变。但是，如果认真研究一下各个地区、各个学校有关课堂评价的标准，观察一下目前发生在校园里的课堂管理实践，我们就很容易发现，这种转变仍然任重道远。

为老师们想一想吧，稳稳地坐在教室里盯着授课者，是一件多么令人毛骨悚然的事情，特别是当我们的身份是领导或专家的时候。如果我们是以学生的学为着眼点的话，其实我们应该在课堂上离开座位，和授课老师结成同盟，更多地研究在学生们那里发生着什么。

说到这里，我想起了和美国的教育同行曾经探讨的"走课"。在他们的教育管理工作中，"走课"是他们的重要工作方式，每天到不同的班级里、不同的课堂上，有目的无目的地转一转、看一看，待在每一间教室里的时间少则几分钟，多则十几分钟，遇上需要特别在意的事情也可能盯上整整一个课时，一切根据当时的需要而定。这样的"走课"，更多的是从学生的学习状态去判断教学，当然也有评价老师教学的成分，但无论如何，这样的教学管理方式起码不会去暗示授课者要有更多的表演。

其实，真正有效的课堂教学管理应该是在课堂教学开始之前。如果我们能够把更多听课的时间用到老师们关于课堂设计的讨论之中，也许发生在课堂里的教学会有着老师们更多的智慧。在课堂设计的环节里，如果老师们能够真切地将新的教学观融入每一个课堂环节，且这种融入的背后已经有了各位同事甚至包括校长的力量，即使他在授课的过程中仍有人坐在教室里盯课，他也不会轻易改弦易辙去为听课者"意思"一下了。

像通常的人们一样，学校管理者许多时候也会在情急之中不经意地埋怨老师，诸如没有好的教育观念、因循守旧而缺乏创新、长年累月不会改变，如此等等。其实，在埋怨之前，还是打量一下我们自己吧。即使我们最为重要的管理教学的方式已经时移而事易，但检查备课、抽查作业、坐在教室里听课是不是依然是一般校长管理教学的"老三样"？时代变化、课程变化、学生变化了，如果管理者不去改变自己，要想改变教师、改变学生、改变教学，也不过是一件一厢情愿的事。

帮学生选择适合的学习方式

　　曾经听一节关于抗日战争的历史复习课，老师安排了一个小组讨论的环节，任务是让每一个小组用5分钟时间共同完成本章内容的知识梳理并绘制知识结构网络图，以方便他们日后的理解与记忆。

　　我发现，5分钟过去了，8分钟过去了，没有一个小组能完成老师的任务，甚至接近一半的小组真正的工作还没有开始，因为他们的思想尚未统一，小组每个成员都各执己见，他们都希望用自己的思维方式去梳理和归纳。

　　为什么会这样？道理很简单，学生的知识水平、学习经验和思维方式都千差万别，他们关于抗日战争结构图和知识树的绘制方法也必然有着诸多个性化的思考，让一个小组4名学生绘制同样的东西，既不符合他们各自的学习习惯，也不利于以后他们对本章内容的掌握。老师安排给学生的学习方式选错了。

　　按照常理，我们应该将绘制结构图的任务交给每一个学生，他们在研究教材、搜集资料的基础上，根据自己的知识积累状况和思维习惯去构建符合自己特点的图系。在每一名学生的独立思考、反复揣摩和精心设计下，最终形成各不相同、各具特色的知识结构图系，这其实才是真正属于他自己的学习。

　　当然，到了这一步后，老师就可以通过学生小组成员间

第四辑　帮学生选择适合的学习方式

的分享展示，让学生各自取长补短，或丰富、或完善、或修正自己的图表了。

不同的学习内容应该选用不同的学习方式，说的就是这个道理。

我曾经与一位讲课十分精彩的老师谈心，他向我坦露了他对两堂课的反思。他谈到，在他一直使用的以讲授为主的课堂上，效率和效果都达到了最佳，且学生喜欢。而同样内容的另一节课，他在组织学生自主学习的过程中却屡屡受挫，不仅课堂平淡无味，而且连教学任务都没有完成。说实在话，因为有同样的教学体验，我十分理解这位老师的心情，面对讲台下那些聚精会神甚至如痴如醉的脸庞，讲课的确是一种让人很享受的事情。但是，我们的孩子最终是要离开课堂的，他们踏上社会后就没有人给他们讲课了，所以我们还应该帮他们及早地准备好相应的除了听之外的其他能力，这些能力的培养可以有诸多方法，但帮助学生选择相应的学习方式就是最重要的方法之一。

动手做与亲身体验肯定是一种既受学生欢迎又符合新课程理念的学习方式，也是新课程所倡导的教学方法，但在使用时也需慎之又慎。曾经听过一节语文课，老师讲的是伟大诗人李白的"床前明月光"，本来一首明白如话的诗作，魅力在于学生的想象，可是，老师却要部分学生体验一把躺在床上的感觉，让接近一半的学生爬到课桌上躺下。本来充满诗情画意的课堂，变得滑稽可笑。这就是因为没有选择适合的学习方式。再好的形式也要与相应的内容匹配才好。

说到这里，读者也许已经明白我为什么一直不赞赏用一种教学模式统率全校课堂。各个学科是如此不同，每一部分教学内容都有着如此特殊的内涵，每一位教师都有着各不相同的品格、气质和教学经验，如此诸多不同，怎能得出一个相同的教学模式去应对瞬息万变的课堂和个性各异的学生？

要慎重啊！切不可用一个脑袋想出的东西填塞那么多脑袋，一位管理者也万不可习惯于把别人的脑袋执意地当作自己思想的跑马场。

亲近一下被冷落的教材

因为工作原因，接连听了不同学校的十几堂课。应该说，老师们的个人素质、专业修养都很高，如果从讲课的角度说，大家讲得也特别清晰。

可是，一个有趣的现象在课堂上不断上演，无论是新授课还是复习课，几乎所有的课堂都冷落了教材。

很显然，在许多课堂里冷落教材，是由于有了学案。可是，我想不明白的是：学案为什么不在教材的基础上设计？

细究起来，这仍然是传统教育观念影响下老师对学生放心不下的表现，教师总是在保持由一个通道给学生信息的习惯。这种线性的、一维的学习方式，既可以让学习变得单纯，避免了纷繁复杂，又可以把学生始终控制在教师手上，不至于让他们带着四通八达的信息冲击讲台，甚至让老师尴尬、难堪。

于是，我们便不自觉地恪守着一条大家都心领神会的行规，给学生的东西必须是在教师精挑细选之后的，而且应该是越少越精越好。只要给他们的，都应该最大限度地与考卷吻合。既然如此，我们便完全可以放弃所有与考试无关的内容，当然，也包括教材中的内容。

其实，学习过程必须亲历亲为，谁也无法代替。每一个学生正是在接收、判断、筛选、整合信息的过程中，最终建构起属于自己的知识。尤其重要的是，在这一过程里他才能真正学会学习。如果我们出于"好心"，连咀嚼教材的过程也由辛勤的园丁们代劳，孩子们其实是失去了最基本的学习机会。

应该承认，由于诸多原因，现行的教材存在这样那样的一些问题，尤其突出的问题是教材的编写思想还没有真正站在学生的立场上。如果我们的学案能够在不放弃教材的基础上，更多地站在学生的角度，帮助他们走进教材，引导他们换一种眼光审视教材、探究教材，也许就能为我们的教学增加更多的色彩。

当然，应该亲近的远不止被冷落的教材，成功的教学应该更加开放。打开教室的窗子，扯一块西山的苍翠；推开学校的大门，与学生一同跨入时代的高铁；链接信息高速，世界就在校园。课堂小天地，天地大舞台，只有我们给孩子们营造一个更加广大、多元的学习舞台时，他们的未来才值得期待。

把活动与读书联系起来

在我们学校以国家命名的七个文化日里，"法兰西日"是以著名作家都德的诞生日确定的，尽管都德的名篇《最后一课》广为人知，但学生们对他的其他作品却不甚了然。于是，在法国文化日活动期间，我们掀起了一场"阅读都德"以及"阅读法国"的校园活动。

"读书是灵魂的壮游，随时可以发现名山巨川、古迹名胜、深林幽灵、奇花异卉。"法朗士看似夸张的描述里，实际包含着自己深刻的人生体验。每一个人的生活经历和人生阅历都是有限的，即使你有条件行万里路，也仍然无法代替阅万卷书带给自己的另一份收获。正如有人调侃的那样，如果不读书，你即使行万里路也不过是个邮差。在今天的中学校园里，"两耳不闻窗外事，一心只读圣贤书"的风光不再，尤其是网络、多媒体的出现，书籍的地位在年轻一代的心目中已经大打折扣。因此，如何引领孩子们读书，就成为校园里的重要使命。

以活动为载体引导孩子们读书，有点任务驱动的意思。对一部分承担着活动策划、组织、主持的学生来说，围绕活动读书很容易演变为他们工作的必需，而他们通过站在前人肩膀上所产生的新的活动创意又很自然地打动着周围的同伴。在每一项活动中，我们都会向全校推出一个与活动相关的读书故事，在故事的传播中，营造校园的书香氛围。有些故事系千古绝唱，有些故事则来自师生或家长。当然，能够挖掘活动的主人翁中的读书故事，则会有更好的相辅相成的力量。当然，在整个系列活动中，设计一个专业的推动读书的子方案，也是我们的保留项目。为学生提供一个适宜的书单，或者干脆让学生书屋适时进一批书籍，甚至我们买一些相关的书籍作为赠品、奖品，都可能会有极佳的效果。

当我们把学校、年级、班级、社团各个层面的学生活动系统梳理之后，就可以结合活动形成一个相关的阅读书目。这个书目既可以与我们传统上的人文、科学、文学阅读书目相吻合，也肯定会有一大批新书。这也等于为孩子们打开了另一扇窗子。

"各种蠢事，在每天阅读好书的影响下，仿佛烤在火上一样渐渐融化。"有了读书的校园活动，学生们自然也在迅速提升品位，不断走向成熟。

学会等待

一位亲戚告诉我，他曾带着刚过一岁半的孩子走亲戚，结果在亲戚那儿遭遇到一批孩子的姥姥，不幸的是，一岁半的孩子叫"姥姥"时吐字不清，而姥姥们却渴望孩子能够及早地叫自己一声，于是，这群姥姥们便轮番轰炸教孩子学说"姥姥"，十几天下来，把孩子都给教傻了，不但没有教会孩子叫"姥姥"，反给孩子留下了一个坏心情。

其实，这个孩子还没到能够清楚地叫"姥姥"的年龄，他现在的发育状况、思维能力、认识水平，不过是刚学会叫"爸爸"、"妈妈"和一些更为简单的字词罢了。如果我们一定要他学习超越他年龄和能力所及的东西，对他来说，这已经成为一场灾难。对一岁半的孩子来说，要想让他学会清楚地叫出"姥姥"，我们必须从容淡定，学会等待。

在本次修订义务教育课程标准的过程中，我们在特定的年级发现了一些类似的不该难为孩子的学习内容。譬如，我们到底应该把写作放在哪一个年级开始？一旦孩子有了阅读基础，以及他们的年龄达到相应的认识水平，写作就会没有多少难度。但是，如果我们不分青红皂白，仅仅从学科体系出发，硬是把写作安排在小学的起始年级，这样的写作课肯定会令孩子们感觉云山雾罩、不知所以。

其实，在中小学校园里，类似的情况俯拾即是。在七年级的教室里，许多女孩的身高甚至已经超过了老师，她们的学习能力、组织能力甚至足以成为那些矮矮的小男生们的老师，这是十分正常的现象。对此，我们应该以平常之心从容面对，对那些小男生们的成熟期，我们必须学会等待，对他们学业成绩的优劣，也必须以发展的眼光来客观看待。可是，不少男孩子的家长却很容易在这种男女生发展的反差中心烦意乱。为了让孩子尽快有一个好成绩，他们常常过度深耕细作，甚至拔苗助长，课内损失课外补，校内落后校外赶。因为年龄原因而出现的本属正常的现象，反而折腾得人仰马翻，不仅孩子们天天备受折磨，连家长也没有什么好心情。为什么？因为我们没有学会等待。有着中学教育经验的老师都知道，过不了几年，男孩的后发优势，足以让我们吃惊。

一个孩子犯错误了，他往往需要时间反思，甚至需要一些经历和体验帮助他认识自己。可是，在我们的教育词典里，却只有"趁热打铁"，而没有"文火慢炖"。于是，教育常常在"针尖对麦芒"的状态下进行，成长中往往多了一些不该有的火药味道。

作为教育工作者，我们并不完全同意"树大自直"的说法。但是，许多时候，时间确实是教育的绝佳伙伴。如果我们能够把握时间的节奏，在适当的时候实施适合的教育，也许比火烧火燎的风格更为有效。

其实，在管理工作中也同样需要学会等待。每当我们推行一项变革时，许多管理者总是希望整个团队能够齐头并进、百舸争流，一旦出现个别落后的员工，管理者也总是习惯于"割资本主义的尾巴"，眼里不仅容不得沙子，连落后的影子也容不得。殊不知，在任何变革过程中，出现参差不齐的现象才是常态，在一些人还没有找到更先进、更适合自己的方法之前，应该允许他们暂时使用原有的方法。所谓"鼓励先进，允许落后"，说的就是这个道理，且不可逼他们闹出邯郸学步的笑话来。

第五辑

教育学首先是关系学

各就各位：从班主任到导师

学生走班选课之后，新的年级管理遇到了前所未有的挑战，改革之初，我们暂时保留了行政班的建制，但是，同一个行政班的学生上课去了不同的教室，同一个课堂则汇集了不同班级甚至不同年级的学生，每堂课都有分散在教学区、图书馆各处自修的学生，每间教室都有不同需求的学生在做着各不相同的事情。

老师们的工作方式也悄然发生着变化，他们已经有了自己的学科教室，上课、备课、辅导学生，教室已经成了他们的主阵地，而办公区里则鲜见他们的踪影。

开始，我们也没有取消班主任，但班主任有点忙乱，更有些忐忑。过去到教室走一遭，全班的学生尽收眼底，今天走遍年级的所有教室也不可能见到所有的学生。考勤成了班主任的难题。于是，我们在年级里推行分布式领导方式，将年级的各项工作予以梳理，让适合的教师分别担当不同工作的领导。其中，全年级的考勤工作和问题学生的教育，由两位老师领导的项目组全面负责。同时，班主任也被转变为主任导师，和其他几位担任导师的相关老师组成一个教育团队，分别负责学生的人生导航、心理辅导和学业指导。这样一来，导师们不再具体负责管理学生的出勤、纪律等很具体的事务，只是定期对相关负责老师提报的学生表现情况有一个全面的了解。而这个了解也不是为了就事论事地解决学生的具体问

85

题，因为这些问题已经有专门的教育顾问负责研究解决，导师们只是为了能更好地引导学生成长而做到心中有数罢了。

长期以来，班主任的职责定位一直因为管理的扭曲而无法落实更高层次的要求。在大部分学校里，由于各种原因，班主任大都变成了警察的角色，他们天天盯着学生的问题，天天与学生计较分数，因而阻断了他们与学生进行心灵沟通的渠道。事关人生理想、心理情感和思想困惑等许多方面，学生们反而不向班主任老师敞开心扉。教育变得功利、短视，教育缺失，特别是在一些教师那里只有管理而没有教育的状况，成为当下最具挑战的学校管理难题。

上述管理方式的改变使我们有了意外的收获。学生们开始把原来的班主任当作真正的导师。当老师不是"警察"的时候，他们开始将自己内心深处的秘密告诉老师，也乐于听从老师给出的要求和建议。于是，一种新型的导师与学生的关系开始确立。

我曾经与我的同事们约定过，在校园里，不要希望校长去管理学生的纪律，因为那样容易使校长变得人见人怕、人见人躲，时间长了，也就变成校园"警察"了。于是，校长在学生中便没有了教育的影响力——孩子们很容易拒绝校长，拒绝你说的话，拒绝你做的事，拒绝你的教育，这样校长真正应该担当的教育使命必将缺失。我很高兴同事们对我的理解，于是才有了校园里孩子们与校长之间健康的关系，也因此，教育才显得更有深度、宽度和厚度。

当然，校园里的纪律也有人管，只是每一个教育者都各就各位罢了。

从说服走向对话

　　传统的校园里教多育少，我们早已在内心构筑起了一个学生成长的模式，将我们面前那些千姿百态的学生一一地嵌进去，如果其中哪一位不肯或不愿就范，说服就成为首要的工具。

　　这个说服的背后有不容置疑的味道，只要听到或看到与我们心目中早就塑造起的那个范式不一样的东西，我们的目标便是说服学生。我们并不去以同理心换位思考事情背后的原因，有时候甚至也不去探讨其中是否有合情合理的成分，凭借经验、权力，也交织着一些教育机智，最终几乎每一位学生无一例外地全被我们征服。我们长期锻炼出来的高超的说服力使孩子们无力还手，我们的想法终于嵌入了孩子们的脑颅而替代了他们的想法。于是，教育一次次获得"成功"，校园里却越来越没有了孩子们的热情。

　　其实，今天的校园里应该少一些说服，多一些对话。在师生对话中，老师把自己和学生都看作平等的一方，自己的想法与学生的想法放在一个天平上权衡，自己的道理与学生的道理用同一种眼光去审视，自己的逻辑与学生的逻辑也用同一个标准去判断。这样一来，教育也就变得理性了，教师可以淡定从容，学生也可气和心平。如此下来，可能耗时费力，但教育效益却大大增加，其持续性、持久力也非同寻常。

平等对话的效益远非止于此，更加重要的是由此而生长的孩子的思想。当我们在对话过程中始终把孩子们的想法作为交流的前提时，对孩子来说，尊重就不再是一个抽象的概念，而是切实可感的存在。当他们的想法时时处处得到呵护，创造的幼芽随时得到浇灌的时候，他们的想法便如雨后春笋般生长，于是，对话的机会在校园里便随处可遇。当我们放弃一定要说服别人的习惯后，便会欣喜地发现，在孩子们坚持的观点里，正有着我们的追求；在孩子们追求的理想中，正有着我们的坚守。师生不仅在同一条壕沟里，甚至本来握着同样的机枪，装着同样的子弹，射向同一个目标，只是过去我们从没有认真审视过孩子们的想法罢了。

在教育工作者传统的词典里，我们赋予了"教育"太多的责任和压力。于是，压力一旦过度，我们就全然忘记了目标，说教便成了我们全力以赴的常态，而"培育"却受到了空前的冷落。当我们不去发现孩子们身上那些充满希望的幼芽时，"育"也就没有了对象。

我们到底需要什么样的礼貌

有一位校长朋友来学校考察，在给了我们许多肯定和鼓励之后，提出了一个建议，希望学校能够加强学生的礼貌教育，因为在他所在的那所学校里，学生们见到校长和老师都要有90度的鞠躬。

听了这样的建议，一方面我们确实要自省，因为礼貌教育的确是我们一个尚不够规范的领域；另一方面，我们也要警惕，切不可把礼貌教育推向极端。

礼貌是指人与人之间和谐相处的意念和行为，是言谈举止对别人尊重与友好的体现。它应该是建立在相互尊重的基础之上。到过日本考察的人们大都对日本的礼仪文明有着深刻的印象，而且大都从开始的不适应，到后来结束旅程时也开始习惯于"点头哈腰"，且鞠躬的弯度越来越大。为什么？环境使然也。其全社会的礼貌习俗已经成为日本文化的一部分，身在其中，会受到潜移默化的影响。可是，当我们回到国内，如果有谁把日本式的"点头哈腰"带回自己的生活，逢人必90度鞠躬，肯定也会招来一顶东施效颦的帽子。

校园是育人的地方，其育人的目标是让孩子们最大限度地社会化，让他们通过我们的教育与影响，最终具有适应未来社会的素养。从这个意义上说，校园里的礼貌教育理应扎根于社会对孩子们的期待，任何教育工作者都没有理由另搞一套令自己"赏心悦目"而与社会常态相去甚远的校园礼貌

第五辑　教育学首先是关系学

89

"风景线"，甚至还为此孤芳自赏。

我没有求证那位好心的校长朋友，在他的校园里，当孩子们给了他和老师们90度的鞠躬之后，他和老师们是不是也还给了孩子们同样的鞠躬，如果不是这样的话，我不知道我们凭什么如此要求我们的孩子。

师生平等的口号已经喊了许多年了，但在我们的内心，其实还有许多沟沟坎坎尚未铲平。或者说，喊一喊尚能接受，但孩子们如果真的要与我们平等相处，可能我们还远没有做好准备，单就面子上就难以接受。然而，校园里的师生平等绝不是喊出来的，必须靠一件一件小事把平等做出来。正如人们说的，必须有看得见的平等，包括礼貌在内。如果我们对孩子们不讲究以礼相待，而又希冀他们对别人毕恭毕敬，可以肯定地说，这样的礼貌肯定是威权之下的怪胎，不过是被强权管理出来的假象罢了，万不可抱有太大的期望。

宋代那个曾经砸缸救人的司马光有言，凡待人无贵贱贤愚，礼貌当如一。如果我们精心培育的学生在校园里见到校长、老师、来宾即90度鞠躬，而来到校外见到其他人则是另一番姿态，全是一些看客下菜、见风使舵的人，那我们的教育真该认真反思了。

教育学首先是关系学

我之所以不遗余力地向各位教育同行推荐美国著名成功学家戴尔·卡耐基的代表作《人性的弱点》，就是因为我已经不仅把这本书当作一本成功学著作，而且对做教育工作的我们来说，它同时也是一本很有价值的教育学著作。

教育的崇高，教师的神圣，我们已经说了若干，而且还可以继续说出许多。但是，如果教育不能创造一个令人欢畅的氛围，再好的良苦用心也会大打折扣。尽管教师自古就是一个被认为值得尊崇的职业，但如果不能与学生心心相通，再好的铺路石上也不会有学生踏入。回忆自己30年教育生涯里与学生的风风雨雨，我深切地感觉到，教育学其实首先是关系学。

斯宾塞有句话，幸好被我初入职时看到了，他说，不要希望儿童有大量的美德，教育者的全部奥秘就在于如何爱护学生，如果你讨厌学生，那么你的教育还没有开始实际上就结束了。我想把这句话说得再严重一些，不要说讨厌我们的学生，即使你处在一个中庸的状态，既不讨厌也不喜欢，教育可能也要结束了。

卡耐基在书中提出了一个重要命题，这个命题可以看作我们当教师的最大挑战，这个挑战就是如何使人喜欢你。这有点出乎我们的意料。过去我们一直讲的是师德，基本上是用全部精力去研究教师应该怎样为人师表、蜡炬成灰，我们有点固执地认为，只要我爱你了，肯定你就会喜欢我，岂不知，一旦我们的爱承载了过多的使命，带着附加条件，孩子们就会从中"嗅"出别样的味道。真实的情况是，孩子们常常拒绝带有异味的东西。

在北京市十一学校的行动纲要里，有一章是专门谈师生关系的，这是因为我们对教育有如前所述的理解。其中一条明确提出，师生关系的主导方在教师，教师应该主动承担起建立良好师生关系的责任。这样一来，老师们心理上的压力可能更大，但没有更好的办法，因为我们面对着的是一些尚未成熟的懵懵懂懂的孩子，如果他不喜欢你，他就不会相信你，如果他不相信你，任何崇高的使命和宏大的目标都是子虚乌有。

由于许多原因，我们似乎一直不愿意承认关系的重要性。我们经常把关系当作贬义词，在许多时候，讲究关系和没有原则似乎也可以画等号。这严重影响了我们对关系的研究，也影响了我们以关系学提高工作与生活质量的作用。正视关系，设定关系学中的一些底线，坚守一些关系学的基本原则，在这种情形下，关系学其实是健康的学问。

这样说来，我们的教育肯定先从研究关系学开始，而且这个关系学应该是一个实操性很强的行为关系学。和风细雨似的声音，露出八颗牙齿的微笑，尽快记住所有学生名字的技巧，特别注意倾听……这一些都是建立良好关系的基础。如果我们能够认可这门学问，而且敢于将关系学放到师范专业的课程里，放到教师专业成长的培训里，甚至也放到学校招收新教师的考察里，我们埋伏在教育学里的诸多诉求也许会变得更有可能。

谁来判定师生关系的质量

在我们身边，有许多敬业、爱奉献的老师，他们内心充满了对学生的热爱。但是，非常遗憾的是，在他们之中却有那么一部分老师并没有赢得学生的热爱，他们爱的付出常常没有得到孩子们的回应。于是，他们迷茫，感到失落甚至产生埋怨，感到不平，教师的高原期、教育的倦怠感随之而来。

很显然，尽管师生关系构建的主导方是教师，但同时我们也必须承认，判定师生关系质量的权力却在学生手上。我们当老师的尽管一厢情愿地为学生想了许多，做了许多，可是，只要我们没有把教育的种子种入学生的心田，那教育的园地里很可能就会颗粒不收；我们付出了许多苦心，但只要学生还没有发自肺腑地愿意接纳，这许许多多的良苦用心也就常常会付诸东流。换句话说，只有学生认为他和你关系很好的时候，这才是真实的良好的师生关系，也只有在如此的状态下，真正的教育才会发生。

曾经听到一位专家介绍他们一个项目组的研究，说的是在一个城市里进行的师生关系的调查，当研究人员将问卷发到老师手上的时候，关于"是否热爱学生"选项里，他们得到的结果是90%的老师都热爱学生，应该说这是一个令人振奋的数据；但是，同样的调查，他们从学生那里得到的数据却只有10%，差别之大，令研究人员异常为难。显然，我们不可能在此取一个师生数据的平均数来判定师生关系，因为学生的感受才是我们需要特别关注的。

在校园里待得久了，就不会用一个模式去要求教师，尽管和颜悦色似乎是老师的标准像，但仅仅和颜悦色并不一定招孩子们喜欢。孩子们对教师态度的感受能力常常让我们感到惊讶。有一天，一名学业成绩不佳但喜欢画画的学生很自豪地告诉我，今天他被美术老师"踹"了两脚。看他那兴奋的神态我好生奇怪，细究后才知道，那位令他崇敬、叫他折服的美术老师对他取得的进步实在是按捺不住、无从表达了，只好以这样一种颇有点别致的方式表达对他的奖赏。这种越"踹"越近的师生关系和教育方式，我们必须加一个"不可盲目效仿"的温馨提示，理由就是，如此的感情基础不是一日夯实的，如此醇厚亲密的师生关系也非轻易能成就的。

我惊讶于孩子们的感知能力，如果你已经当了父母，也许你的感受会更加真切，即使不到一岁的婴儿，他对不同的人竟然就有不同的态度，是哭是笑全有来由。一位陌生人即使花言巧语也很难把他从妈妈的怀里带走，因为你的表情、体态全在向他说话。说实话，孩子们一眼就可以看到我们的心底。

2011年6月，北京的一场强降雨考验着城市的应急能力，其实也考验了刚好下午放学的孩子们。刚要下班的时候，我接到了高二年级一名叫崔粲的学生的电话，他很急切地告诉校长，这个时间万万不可开车回家，因为他发现路上的积水已淹过了好多汽车。我相信，在这名学生的心目中，校长已经是他的朋友，我也自信在对他的教育和影响方面自己所拥有的力量。其实，在几个小时之前，我还在办公室里接待了另一名高二女生，她远赴美国交换学习一年刚刚回来。她在大洋彼岸那所著名的女校里过得很快活，但对十一学校的思念却与日俱增，因为，这里有日夜与她进行心灵对话的老师们。这次回到北京，第一件事就是要向校长说一说她在美国的学校里感受到的一些可以借鉴的东西，她希望十一学校能越来越好。

我知道，当我们有了这样一些情感基础，有了这样一种关系的时候，我们才完全可以自信地说：教育其实很简单，教育其实很有意思，教育其实很有力量。

寻找质优价廉的师德

　　曾经被邀请参加各种有关师德方面的论坛以及报告和文件的起草工作，期间大家多有困惑和迷茫。一方面，大家对师德的理解各有不同；另一方面，大家更对几十年师德建设的成效甚为忧心。其实，我们之所以年复一年地狠抓师德建设而并未见多大成效，从根本上说，是由于我们并没有真正理解师德的核心内涵，靶子尚未收入眼中，天知道箭将射向何方。

　　与西方教育同行交流时，每每遭遇尴尬的，常常是因为我们之间对一些概念的理解不同，师德便是其中之一。在他们的脑海里似乎没有这个概念，与他们比划半天，他们终于恍然大悟地回应"师德就是喜欢学生"，然后再补一句话——学生也喜欢他。细细品味，觉得很有意思，喜欢学生，然后又被学生喜欢，就是具备良好师德的老师，既简单易懂，又直来直去。我以此为标准，在大脑里与我们认同的那些师德高尚的老师一一对照，确也发现此话的普适性。曾经研究过英美一些学校招聘教师的广告，发现他们的招聘条件十分简单，也特别雷同，除了有激情和幽默感之外，最为重要的一条就是喜欢孩子。

　　说到这里，我们必须触及一个常识：每个人只有喜欢一个职业，他才会发自内心地为此倾力付出；反之，对他自己尚未喜欢甚或有些厌倦的岗位，仅靠外力的约束和规范，是难以达到预期效果的。人各有志，从某种意义上说，一个人对某一个职业或某一个岗位是不是喜欢，更多的其实不一定是道德问题。如果我们在教师队伍建设中一味地拿师德说事，可能很难达到我们想要的效果。

由于长期实行计划经济，使校园里被分配来了相当一批不适合、不喜欢教育教学工作的人，他们被拴在了教育这根大桩上不能自拔：有些人"先结婚后恋爱"，慢慢喜欢上了孩子、爱上了教育；有些人委曲求全，敷衍塞责；有些人则貌合神离，身在曹营心在汉，甚至忙里偷闲地干起了第二职业。如果我们的教育阵地连吐故纳新的机制都不能确立，实在是害了孩子，也害了许多诸如此类厌倦了校园却可能在校园外如鱼得水的人。

中国与西方的政治文化有很大差异，我们当然不能对西方的东西生吞活剥，但人类许多共同的东西却值得我们借鉴。人的个性、禀赋、兴趣许多时候与生俱来，有的东西可以后天获得，有的东西则大可不必勉强。我尚未研究喜欢孩子这一特性的来源，但硬是将那些不喜欢孩子的拿来培训，可能会有极高的社会成本、很低的社会收益，这些已经被大量实践所证明的经验应引起我们的深思。从哪里才可能找到质优价廉的真正师德，我们其实可以找到更近的道路。

优秀教师不是培训出来的

经常被邀请参加一些地区的教师队伍建设研讨会，发现许多领导比较迷信两件事：招聘和培训。缺少优秀和骨干，招聘！教师水平不高，培训！如此而已！在有些领导心中，这两个东西甚至已经成为他们工作的法宝。

我不完全赞成这种做法，不仅基于经验，还因为我们的一些调查数据。我曾经和我的同事们就优秀教师的成长之路做过一个较大规模的调查，在国内选择了一批公认的优秀教师作为调查对象，请他们就自己的成长、成才给出一些理由。同时，我们也请了一些在名师身边工作的领导同志或基层管理者寻找优秀者之所以优秀的原因。汇总的结果让我们很意外，几乎没有人将培训放在自己成长最重要的理由里。尽管从主观上，这可能是一项伴随着教师职业生涯如影随形的浩大工程，培训者和被培训者都为此付出了艰辛，但在优秀教师的账单上，这样的高投入却只有令人遗憾的产出。其原因也十分了然，和我们在教学中没有因材施教有着同样朴素的道理。绝大部分优秀教师将关键事件、关键人物和关键书籍列为自己成长的三要素，这可以使我们获得诸多启发。

首先，这些优秀教师往往在他们成长的关键时期经历过一个或一些关键事件。有的是因为他们对学生的爱得到家长的认可，一纸表扬信带着感激飞到校长的手上，于是，在领导、同事赞赏的目光里飞速成长；有的是由于一次青年教师公开课，在老教师的帮助下，潜心打磨，深耕细作，于是一炮走红，在各地纷纷邀其讲课的期待里再上台阶。而遇上一位或鼎力相助，或指点迷津，或鞭策激励的关键人物，似乎也是成就名师的必由之路。有的是因为他初上讲台时对桌办公的师傅，手把手、心相通，一步步将他们送到杏坛新高；有的是因为一位编辑，对他的第一篇教学心得赞赏有加；有的是因为一位贴心的教研人员，跟踪听课、评课，助他走向柳暗花明。当然，几乎所有优秀教师的成长都离不开书籍，是先人们筑就的智慧之梯，把他们送向成功之巅。

说到这里，作为一个管理者其实应该很清楚自己的使命，要想真正在自己的身边也造就更多的优秀教师就必须把工夫用在当用的地方。为老师们创造一些关键事件，而不是仅仅让它们随机发生；帮老师们引荐一些关键人物，一位普通教师要遇见真正能成为良师益友的人物并不容易；为老师们提供一些关键书籍，不仅仅因为选择和判断书籍的优劣不是所有老师都能做到的，到哪里买这些书也不是他们很清楚的事情。如果我们的管理者能从这些事情开始帮助老师们成长，可以相信，优秀教师就会越来越多地出现在我们身边。

关于羊与狮子

有一种颇为流行，似乎也不被人们怀疑的理论：一头狮子率领一群羊肯定会打败一头羊率领的一群狮子。

在这一理论之下，领导者的作用被无限夸大，而他所率领的团队是一群狮子还是一群羊反而无人深究，似乎无足轻重了。

其实，我们并非不理解这一理论下的苦心，也并非不知道领导者的重要，只是不可纵容任何一种理论极端化。我们深知，一头羊做领袖与一头狮子无可比拟，但我们同时也应该清醒地意识到，一群羊组成的团队在一群狮子的强大阵容前不堪一击。

当下的教育界，有关教育家办学的呼声渐起，在有些地区，甚至已演变为一场运动。但令人遗憾的是，许多人致力做的，往往是试图把一只只领头羊锻造为一头头狮子王罢了。他们似乎毫无疑义地以为，只要校园里的CEO被铸造为教育家了，教育家办学也就花开果熟。

这样的想法不仅幼稚，而且很容易自食失望的苦果。教育是一个系统工程，实现其优质的目标需要一个卓越的团队在每一个关键环节上把关定向；校园是一个知识型组织，每一门学科、每一个学段、每一节课都有着各自独特的规律，任何一个大脑都无法全部驾驭。尤其是面对着一个个灵动、多变、成长的孩子，第一线绵延跌宕，每一位教师既要做有思想的指挥员，又必须是能操实弹射击的战斗员，每一个听到炮声的人才最有资格指挥打仗。这个时候，单一化的领袖范式，一个团队一个指挥的格局，已经不可能应对如此多样的局面。我们需要的是小团队、多指挥，每个人的头脑里都有主意，每个人都富有智慧，每个团队成员都成为一头狮子。

说到这里，我们希望人们对教育家办学有一个更贴近校园实际的诠释，这也是我们在实践中深切的感悟。一所学校，只有一大批优秀教师以教育家的情怀、教育家的境界、教育家的心态和教育家的智慧影响学生成长、推动学校发展的时候，这样的学校才真正实现了教育家办学。也就是说，除了一头狮子王之外，还应该有更多的狮子，实在没有狮子了，也应该有一些拥有类似狮子的心胸、气质和状态的羊们。

今日的校园已经大不同于昔日的校园，今日的世界已经完全不同于过去的世界，我们已经从一个线性的、确定的、可以预知未来的世界，走向一个不确定的、流动的、网状的、不可预知未来的世界。在应对这样的世界、这样的挑战时，我们需要的是更多的智慧，尤其是来自不同大脑的群体智慧，也需要随时随地在众多前线指挥所里发出每一个指令的智慧。因而，高度关注课堂里那些优秀教师的成长，让他们走向卓越，形成校园里一个又一个教育家群体，我们的教育才真正有希望。

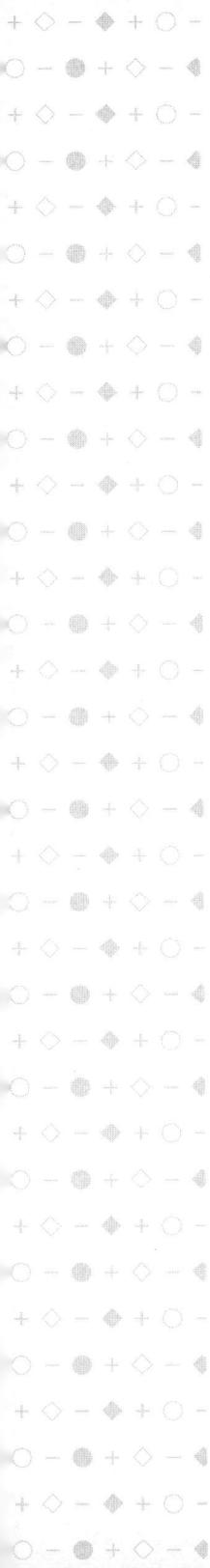

第六辑

校长室在哪里

我为什么推荐学生会人选

新一届学生会竞选现场爆出冷门，高一年级的一名学生在向全校学代会代表推荐自己时，播放了一段视频，其中有一部分是校长对她的推荐。我在孩子们对我的采访中说，在我的印象中，她是一位很安静的孩子，但她却在上一届的学生会里做了大量工作，她似乎有一点运筹帷幄而决胜千里的气质。推荐的话语不多，但却起了很大作用，随后揭晓的投票结果可以证明。

于是，有的师生有些担心，在这样的选举中，校长出面推荐一位学生，是否有失公平？

其实，在这名学生带着她的竞选团队采访我的时候，我不是没有想过这个问题，我很清楚这样做的后果，我甚至也能预料到这样做的风险。但一转念间，我还是很愉快地决定接受采访，向全体学代会的代表们推荐这位竞选者。首先是因为我熟悉她，知道她完全具备进入学生会的素质和能力，尤其是她为同学们服务的责任心。其次是因为她具有学校培养目标所要求的品质，也就是思想活跃、言行规范。这些都是我一瞬间决定推荐这位学生的基础。

但是，如果仅仅是因为以上原因，理由并不充分，我真正的目的，考虑得可能更加深远。

在十一学校的培养目标里，很明确地提出要培养各行各业的领军人物。我们知道一位领军人物需要在专业上顶尖，需要有为他人服务的社会责任感，需要为了事业而孜孜以求、无怨无悔。但是，还有一种品质常常被我们忽略，就是敢于挑战权威。我并不认为校长在校园里应该成为权威，但在一个孩子的心目中，校长的地位还是非同一般。用什么方式明确地告诉孩子们，校长是你们的校长，校长也是你们成长的资源，校长就在你们身边，这是我一直在想，也一直在做的事情。没有别的什么意思，我只是想让孩子们不要迷信任何人，也不要错过任何你可以借助的资源。如果今天校园里的"权威"能够成为他们发展的助推力，那么，明天他们就完全可以在更大的舞台上通过借助更大的力量取得更好的发展。只有敢于接触权威，才有可能结识权威，并最终在需要的时候挑战权威，也才有可能真正站在权威的肩膀上而成为新的权威，成为行业的领军人物，如此而已！

一次学生会的竞选肯定需要公平，但被困于公平的圈子肯定有失教育的初衷。当然，我们还希望通过这一次，包括以后更多的推荐活动，使我们能够在校园里收获另一个副产品，就是让校长的推荐，不再被认为是权威的推荐，让这个推荐慢慢湮没在师生们的众多推荐之中。学生们需要生长的是自我觉醒、自我判断的意识。而学生的批判思维和选择能力不断提高，民主和科学在校园里生根开花，公民素养不断提升，如此的校园氛围才是我们对教育的理想期盼。

校长室在哪里

曾经在一些学校的学生中做过一个关于"校长室在哪里"的调查，结果很令人意外也叫人遗憾，80%以上的学生或不知道或说不清楚。

如果对该项调查不以为然的话，我们可以找出诸多理由，譬如学校规模太大，校长工作太忙，来说明这个调查结果是可以理解的。如果我们把校长仅仅当作一个行政官员的话，我们也完全可以为校长开脱：校长面对着的是教师，与学生打交道应该是教师的本分。如此说来，这个调查结果也就十分自然、不足为奇了。

可是，如果把校长的职责再梳理一遍，我们仍然不得不把教育这个字眼放到头等重要的位置。尽管在当下做一名校长可能有诸多难处，内部的困惑和外部的干扰也可能层出不穷，但是，我们仍然无法回避教育这项根本的职责。

尽管随着时代的发展、变化，孩子的心中已经没有太多的迷信和权威，但是，校长在一所学校中对孩子们的影响力还是不可低估的。校长的爱憎好恶很容易影响到孩子们的爱憎好恶；校长的言行举止也肯定影响到孩子们的言行举止。每每在关键时刻，校长到底在想些什么？面对着孩子们的喜怒哀乐，校长该是什么样的脸色？走入孩子们的内心世界时，校长又是怎样的眼神？这一切，都有可能成为学生成长过程中的助推器，也有可能成为学生人生历程中的绊脚石。

身为校长，能够明确自己的身份，在教育中小心翼翼而又大显身手，是一件恪守本分、责无旁贷的事。

2011年又一次去纽约斯蒂文森中学考察时，我发现其校长极力地将自己融入学生之中。在带我们考察学校的两个小时里，他一箭双雕，表面上是带我们参观学校，实际是在进行着他的走动管理，或者说得更直白一点，就是不断地创造与学生接触、互动的机会。在教室里，他不时地参与师生的课堂讨论，如果因为时间所限不能深度参与，在课堂上与孩子们开个适度的玩笑也是他的特长。在走廊里遇到脸色忧郁的孩子，他也要停下来，与之交谈几句。当然，收走在扶梯上学生丢下的手机，抽查学生的橱柜，没收学生的扑克，对此，他说，作为一位"公平的仲裁者"，他也是毫不含糊的。最后，他告诉我们，11点到12点的这一个小时，是他雷打不动接待老师和学生的时间。这个时间其他人谁也别想让他离开办公室，他必须随时等待着不期而至或预约来访的老师和学生们。

一所道尔顿实验学校里，到处是校长关于学会学习的训诫。说实在话，我们已经对校长有着太多的期待，于是校长的责任和压力似乎也远远超出了他们的承受能力。但是，校长又确实不能把自己仅仅当作一位管理者。苏霍姆林斯基关于校长对学校的领导首先是教育思想的领导，然后才是行政上的领导的名言自不待说，单就在学生面前的地位，他其实也是一位首席教育官。校长在管理工作中必须恪尽职守，在教育工作中更不能缺位，如何以恰当的方式对学生施加影响，扩大在学生中的影响力，当是目前我们的一大挑战。

校长的社会活动也可以成为学生的课程

校长经常会接到一些参加社会活动的邀请，有时还不乏一些重要活动，如何将这些邀请转化为教育学生的活动，变事务为课程，是对校长智慧的挑战。

因为我们将罗马尼亚诗人米哈伊诞辰日（1月15日）确定为我校的"罗马尼亚日"，使我们与罗马尼亚大使馆建立了亲密的关系。罗马尼亚大使馆几乎在开展所有重大活动时都会向我们发来友好的邀请。于是，我们便借机将学生带进活动，根据不同的主题，选定不同的学生到大使馆参加活动。艺术家的画展上，奥运冠军的庆祝会上，包括大使馆最为隆重的国庆招待会上，都有十一学生的身影。

一位朋友曾邀请我参加一个国学沙龙，其间有台湾著名国学大师傅佩荣先生的演讲，我便带了一位对国学特别有兴趣，也有一定功底的高一学生参加。现场与傅佩荣先生的交流、对话，使这名学生受益匪浅。特别是一段时间以来，她在职业规划上一直心存困惑，在自己喜欢的与功利的职业之间摇摆不定，这样一来，面对家庭的干预，她更找不到说服家长的理由。这次活动如醍醐灌顶，使她茅塞顿开。

2009年12月26日，教育部举办新春音乐会，在送给我的两张票中，有一张是犒赏家属的，我想到的却是学校交响乐团的学生们。于是，我从学生乐团选了一位优秀团员张诗雨应约而至。一名高一学生，对共和国的教育部长感觉很是神秘，于是，我便利用音乐会前的时间将她介绍给了部长。部长的亲切握手和谆谆叮咛，令张诗雨十分激动。当然，我也借机告诉她，未来共和国的重任会慢慢地转移到他们的肩上。演出结束，当乐队撤离舞池的时候，我又带着张诗雨追上了已经走向后台的乐队首席——我国著名小提琴家刘云志。交流之下，张诗雨备受鼓舞，带着刘首席赠予的鲜花道别时，她的兴奋和对未来的踌躇溢于言表。当然，最后，我也借音乐会上节目的名字，题赠诗雨："今天《假日弹簧管手》，明日《威风堂堂进行中》。"诗雨很认真、很高兴地告诉我："我们不会让您失望！"而这正是我的期待。

其实，许多时候，一旦有了学生的参与，会为我们的许多事务性工作增光添彩。2010年春天，联合国教科文组织的总干事伊琳娜·博科娃来访北京，我又应邀作为校长代表参与作陪。于是，我带了学校模拟联合国的秘书长和模拟教科文组织的总干事两名学生来到接待现场。尽管外事工作有很规范的流程，但我发现，在整个活动过程中，真"假"两位总干事对话、交流的环节成为最出彩的亮点。现在，这两名学生已分别被北京大学和美国康乃尔大学录取，她们立志在国际关系领域走出属于自己的道路，我为此感到欣慰。

当然，还有许多没有如此风光的事情，我们同样也不放过机会。到主管部门说明学校运动场为什么需要维修，去社区请求加强学校周边环境的治理力度，这样的事情过去仅仅靠校长去做，今天有了学生的参与，不仅效果大不一样，对学生的教育也远不是单纯在教室里能比拟的。

从身边的事情引导学生反思

2011届高中毕业典礼恰好安排在校园泼水节的第二天，按照惯例必有校长致辞，于是，我选择了对前一天泼水节的感悟作为赠给即将离校的高三学子们的礼物。

在那场忘我的泼水游戏里，我和大部分高三学生都参加了，但我不知道大家在兴奋之余会有什么更多的收获，我跟学生们分享了自己的四点心得。首先就是心态。既然参加泼水节，就应该以享受的心态接受同伴们的泼水。在开泼仪式上，我把自己拨出去的第一盆水定义为"幸运之水"。动员学生们把顶在头上防水的盆子放下来，把穿在身上的雨衣脱下来，就是为了让大家敢于"直面"并乐意"享受"。我在这里借泼水节告诉大家的是，每一个学生都要直面生活。第二，参与泼水节还要有勇敢的品质。进场前就要抱定"必湿"之心，如果在泼水的现场躲躲闪闪，肯定会处处被动，很难把握机会，也不易赢得成功。第三，大家普遍体会很深的还有工具的重要性。水枪和水盆比起来显然已没有什么攻击力，而水盆的大小不同也决定着自己的实力。工欲善其事，必先利其器！借此，我把工具引申为每一名学生的专业能力。在未来的世界里，专业能力作为我们人生的工具，将决定着我们每一名学生的人生成就。当然，最后，我还把自己在其中饱受各位学生的"攻击"，理解为这是校长作为公众人物的必然结果。既然你会更多地进入公众的视野，你就应该具有更大的承受能力。一位公众人物可能会经常面对鲜花和掌声，但也有可能遇到一些冷嘲热讽甚至攻击和陷害。十一学校的培养目标是培养各行各业的领军人物，而领军人物也最有可能成为公众人物，这就必然要求我们的心理具备更强的承载力。

这样的启示不仅仅让我完成了一次毕业典礼的嘱咐，其实，我更多的是希望告诉学生们，我们应该随时从身边的事情中寻找启发。学习可以在课堂里，但今后可能更多的是在生活中，在时时处处。

在学校垒球课程开课仪式上，师生们让我去击球开课，我便顺势与学生们分享了关于打垒球的心得。如何把球打得高、打得远，在高和远中寻找平衡，既是击球手的策略，也是人生的重要课题。

在指导学生选课时，许多学生常常为要在自己的兴趣和未来需要的课程之间做出选择而苦恼。这时候，我会不断地与他们分享人生中关于选择的哲学。其实，学会选择最大的挑战是敢于放弃。当一个人学会放弃了，他才真正走向了成熟。我想告诉学生的是，目前的小事情，其实也是可以帮助我们反思人生的大课程，当我们时时处处都学会反思了，我们也就学会了生活。

管理知名度与扩大影响力

一所学校没有一定的知名度，肯定不能算作名校；一位校长，如果没有一定的知名度，当然也不会列入名校长之列。可是，近些年出现了许多为提高自己知名度而孜孜以求的"明星校长"，很可能会影响他们成为真正的名校长或者教育家。

知名度是很有诱惑力的光环。为了它，市场营销者挖空心思，无所不用其极。因为，有了产品的知名度，才有可能吸引更多消费者的眼球。从某种意义上说，知名度决定着公司的竞争力，知名度本身就是企业的实力。

但是，学校毕竟不同于企业，校长也和企业家有着本质的区别。一位校长的知名度当小心管理为好。没有一定的知名度，当然不如有些知名度更有利于学校的发展，但如果任由知名度恶性膨胀，虽不说贻害无穷，起码也会对校长及其学校发展构成些许障碍。

知名度很容易造就行色匆匆的校长，他们被各种峰会和论坛裹到了校园之外；知名度很容易让校长头脑发热，学校里的决策往往越来越多地带上了校长个人的主观色彩；知名度也很容易造成校长封闭的胸怀和排斥的头脑，不再学人之长，丧失反思能力。这些，常常是知名度太高的惨痛代价。如果我们不提防知名度必然带来的负面效应，时间久了，就应了诸如"墙里开花墙外香"，甚至"金玉其外，败絮其内"的老话。

所以，能否管理好自身的知名度，就成为一位校长能否可持续发展的基本条件。

管理知名度当然是在有了一定的知名度之后，但控制知名度对我们来说，可能是件很矛盾、很为难的事情，因为要回避许多闪光灯，拒绝许多邀请函，从容面对各路评奖，淡定面对各种典礼。这种回避与拒绝，比起接受与选择自然要困难很多，没有一定的定力，没有明确的事业追求和人生目标，会是十分困难的事情。

当然，管理知名度并不意味着压缩自己的责任。一位真正有作为的校长，应该在控制知名度的同时，扩大自己的影响力。这个影响力是通过自己潜心耕耘、悉心求索形成的教育思想或管理思想来实现的。当我们能够排除干扰，从容淡定地在校园里春种秋收时，我们才有可能拿出真材实料，用自己的智慧影响别人，改变教育，甚至改变世界。当然，我们并不一定在乎这些东西是否打上自己的注册商标，只要它影响了社会，确有成效，我们就履行了自己的社会责任。

由此可见，影响力也完全可以在控制知名度的情况下实现。

在卓越教师面前要平庸一些

在对领导者评价的若干标准里，我很看重其中一条，就是"在你手下比你有本事的人是否工作得很愉快"。

这样一个看上去似乎很简单的要求在现实生活中却并不简单，因为这些比管理者还要有本事的人常常有着自己独特的想法，而这些想法又一般不会被人们所理解，尤其是他们的这些想法和领导者的想法发生冲突时，到底该如何处置？也因为恃才傲物往往是知识分子的共性，这些有本事的人常常有着自己的个性，当他们"不把领导放在眼里"的时候，领导又将以怎样的心态对待他们？

其实，在每一位领导者的内心，首先要明确，我们没有三头六臂，我们不是神仙皇帝，我们不能包打天下。在任何一个组织里，尤其是一些知识型组织里，都有许多领导者并不熟知的专业领域，如果我们把自己假扮为无所不知的"大师"，让自己的指令在许多自己陌生的领域里横行，带来的后果远不仅是当下的事情受损，最大的损失可能是伤害了那些比我们更有本事的专业人士。对他们来说，没有什么比自己的专业被糟蹋、得不到尊重更让他们寒心的了。

在日常的管理工作中，领导者很容易被推到一个包打天下的位置，也很容易被属下期待成为解决所有问题的领袖。尽管你可以比别人更有能力，但却不应该让大家产生如此的误解，因为，如此下去，在许多问题的解决上，在组织里必然会出现对领导者的等待。等待带来的损害可能远不仅是时间的浪费，更大的损害是下属的平庸，是思维的停滞和创新的泯灭。

"最优秀的领导者常常看上去很平庸。"在这句话的背后，我们看到的常常是领导者对专业的尊重，他们凡事与专业人士商讨，处处尊重专业人员的意见，不会在自己没有把握的事情上随意拍板，甚至把"我是外行，这种事情要请专业人士研究"挂在嘴边。这样的领导者确实看上去很平庸，但恰恰是这种"看上去很平庸"，让我们领略了他们不同一般的智慧，那种点燃别人思想、凝聚大家智慧的韬略。

一位领导者不要把自己举到天上，因为一旦没有那么多台阶搭设起来，自己就有可能回不到地上了，一直在天上的滋味并不好受。清醒地把自己定位为与众人一样平凡的人，虽然很困难，却十分必要。只有我们把自己放在一个组织的各个岗位之中，认定自己是诸多同事中的一员，我们才可以心平气和、从容淡定，我们才可以去做能够做的和必须做的，而避免去涉足那些本该由专业人士去做和那些需要本事比自己大的人去做的事情。

"三顾茅庐"、"礼贤天下"之所以经久传世而不衰，是因为这些故事里寄托着人们的美好期冀，也说明了其中主人公的难能可贵。今天这个分工愈来愈细、信息来源愈来愈多元、立体的时代，给我们的管理带来了更多的挑战，其中之一是任何一位领导者都会面对越来越多比自己有本事的人在自己身边甚至在自己手下工作。因而，把自己变得"平庸"一些，不再是一种领导态度和领导策略，而已经成为必不可少的领导原则。

第七辑

让每一个人都成为自己的CEO

校长转身学校才会转型

曾经看到过一个调查结果，让一些中学教师写下他们眼中对校长的印象，结果排在前三位的分别是"忙碌"、"权力"、"敬业"。当我们把这个调查说给业内的朋友们听时，他们中竟有不少人以为，这其实是一个相当"理想"的结果，如果另选一些地区或者学校，可能会有许多负面的评价出现在调查结论里。

这样的结果和这样的议论从某种程度上反映出目前学校管理的尴尬，应该说，我们的校长队伍大都是从优秀教师中成长起来的，从整体素质上说，他们属整个社会的精英群体，其敬业精神也基本得到了人们的普遍认可，但是，当把他们放在一个领导岗位上来审视的时候，却大都难以满足人们应有的期待。

自1987年以来，美国著名的领导力研究专家库泽斯和波斯纳，在20多年的时间里针对追随者对领导者的期望进行了四次调查，其中的一个关键指标是：在他们愿意追随的领导者身上他们最想看到的7种品质是什么。尽管20多年来社会发生了巨大变化，但汇总的结果表明，追随者对领导者的期望却表现出出奇的稳定，排在前7位的一直是忠诚、有前瞻性、有激情、有能力、聪明、公平、正直。研究者通过若干案例证明，这些正是受人尊敬的领导者的品质，也当然成为产生领导力的源泉。

我们的时代已经完全不同于20多年前的时代，我们的组织也已不再是一个封闭、低效的组织，人们获取信息的渠道和方式如此多样，不同文化、不同观点早已潜入每一个人的大脑并不停地交锋。学校作为知识型组织表现得更加突出，以传统的管理方式应对今日的校园已变得捉襟见肘。

我们的校长对自己的要求太高，大都希望学校的一切都要在自己的计划安排、检查控制下运转，常常过分高估了自己的权力却忽视了每一位员工在校园里的分量。于是，"忙碌"便成为必然，"权力"就成为自己惯用的武器，而"敬业"是在老师们筛掉了所有对领导正面评价的词汇后的唯一选择。

我们的校长对自己的要求又太低，大都不太反思自己，忽视人格魅力在管理中的地位，自我管理意识、方法和能力都极度欠缺，有些固执地带着过去的经验走进今日的校园，大都很难发现每一位教师内心的渴望，也不去唤醒孩子们沉睡的潜能。于是，酝酿智慧的事业异化为硬拼体力的行当。

学校到了一个必须转型的时代，无论是因为信息时代带来了学习方式的转变，还是因为培养目标要求我们培养有独立人格和独立思想的公民，都要求我们把学校办成一个智慧勃发的场所。在这里，每一位师生都应该有着自由的空间，每一位师生都应该有着明确的目标，每一位师生都充满个性，每一位师生都最大限度地发挥自己的潜能。成长应该成为师生的需求，工作和学习完全可以有着不一样的道路。

然而，没有校长的转变，就不可能有学校如此的转型。这样的学校转型到底需要校长怎样的华丽转身？

首先，校长应该放下自己的身段，从无所不能的虚假的角色定位中走出来，承认自己是学校这个群英荟萃的组织中的一员，自己的背景、经历、知识结构、能力素质都与常人一样有着不可避免的局限，即使在自己熟知的校园里，也有着许多己不如人的工作领域。与其亲力亲为，不如交给更适合的人去操办，遇到攻坚之战，切忌包打天下，更不要抱有攻无不克、战无不胜的雄心，而要让自己成为团队中共同攻坚破难的一员。

　　其次，校长要放弃一些自己运用自如的权力。在学校这个知识型组织里，每一个细胞都有着如此不同的基因，每一次成长的理由都如此多样，包容这些不同，呵护这种多样，就必须躲开那些行政的力量。正如士光敏夫所言："权力是把传家宝刀，轻易不要拔刀出鞘。"

　　最后，要实现学校的转型，校长必须重新分配管理的精力。一般的管理者都在用绝大部分时间研究如何管理别人，而聪明的领导者往往会拿出相当的精力谋划管理自我。事实一再表明，只有改变自己，才能改变别人；只有领导改变，一个组织才有可能改变。那种自我感觉良好、故步自封、不再改变自己的管理者，任何希望改变别人、改变组织的期待必然落空。因而，任何一位校长只有从改变自己开始，才能真正找到一所学校的转型之路。

构建领导型的组织结构

与绝大多数组织一样，我们绝大多数中小学的组织结构基本都是金字塔状的层级结构，从校长、副校长、中层处室到年级组、教研组，真正触及师生这个管理末梢，一般都是四五个层级。

这样的管理结构有着明显的管理优势：层级分明，职责明确，有着较好的执行力，最高管理者也有令自己放心的掌控力，如此等等。但这样的管理结构也有明显的先天不足，其中，最为要害的是，这种靠层级分明的权力约束而运行的机制，很难让最基层的部分，也是最应该产生生产力的部分充满活力。

道理很简单，最权威的决策和指令来自最顶端的塔尖，而最有可能孕育明智决策和管理指令的基础却处于管理金字塔的底边，这中间虽不说有迷宫般的曲曲弯弯，但现实常常告诉我们，要将二者真正顺畅对接，却并非易事。真正领导型的组织，必须以充分激活每一位员工的主动性、积极性和创造性，充分发掘他们的潜能为前提，显然，如此金字塔式的管理结构极易造就管理工作的"肠梗阻"，而无法实现一个组织从传统的管理型向领导型的转变。

于是，扁平化就成为组织再造的目标。想方设法改造甚至删除中层管理结构，既是变革的重点，亦是变革的难点。说它是重点，是因为没有管理层级的删除就没有扁平化，领导行为就难以实现"顶天立地";说它是难点，是因为中层部门的减少与消除紧紧地和人的升降去留连在一起，利益与情感交织在一起是管理者备感头疼的麻烦。不过，即使撼天动地，也必须把这块硬骨头啃下来，不然，就难以创造让每一位一线员工充分发挥主动性和积极性的广阔天地。

扁平化的组织结构往往不够稳定，大部分时候甚至很难发现其中的管理规律。当一个组织呈现出七彩斑斓、五彩纷呈甚至杂花生树、群莺乱飞的情况时，传统的管理会显得无可奈何，即使是聪明过人、韬略溢胸的领导者也难有三头六臂应付此时的复杂局面。于是，我们仍然需要从改造组织结构的系统工程中想办法。正确的做法是通过结构调整寻找领导智慧，在原有的组织结构里，增加一个新的板块，按照专业术语叫技术结构，说得通俗些叫参谋咨询组织，事实上，也可以认为是领导者的头脑。在这个板块里，到底该设置一些什么，完全取决于这家组织的性质。如果你像苹果手机一样靠创新盈利，这个板块里就必须突出新产品的研发；如果你像卡特彼勒一样重视工程机械的质量，那六西格玛式的质量管理体系就理当放在要害的位置。很明显，我们是学校，作为服务于学生成长的产品——课程的建设与开发，就处于这个技术结构的中心。如此纷繁复杂的高技术含量的研发，相应地聚集起智慧的专家和专家的智慧，领导者的任务不过是让他们之间有序地对接而已。

这样的组织结构里的领导者，已经不能把自己定位为专家，事实上，任何人也毫无可能成为如此众多领域的专业人士。他最好的角色定位应该是首席服务官，跑前跑后，嘘寒问暖，遇河架桥，遇山开山，伸伸大拇指，或者帮员工擦一把汗。

真正的领导力恰恰产生于服务，因为当你的服务帮助别人走向成功的时候，他们往往就会成为你的追随者，在你身上也才开始产生领导力。这时候，你才真正可以称为领导者，而不再是一般的管理者。这样的组织，我们才可以将之称为领导型组织。

让每一个人都成为自己的CEO

　　一位当了十几年校长的朋友曾经很认真地问我："管理到底为了什么？"因为，他似乎进入了一个管理的高原期。

　　面对社会、学校和师生们的变化，他这样一个看上去十分简单的问题却不可以简单回答，即使翻遍那些权威的管理学鸿篇巨制，也不一定能找到一个你需要的答案。因为，在这样一个如此简单的问题背后，有着复杂而深刻的管理背景。这位校长朋友问这样的问题绝不是仅仅因为管理理论的欠缺，也并非由于管理实践的困惑，这在很大程度上是在丰富的管理经验基础上对管理学的哲学追问。

　　管理是什么，我们可以说出很多；管理为什么，我们同样可以说出许多。然而，时至今日，如果仅仅在管理学固定的领域里寻根究底，我们已经很难找到真正的答案，也无法应对变化了的世界。

　　诞生于大工业时代的管理学尽管已经随着时代的变迁而不断地修修补补，但却始终难以遮掩其本身固有的缺陷，尤其是以任务为导向，将大部分精力着眼于做事的思维方式，不可避免地经常带来对人的轻视，尽管其中也有专门有关人的诠释，但骨子里的东西根深蒂固，以至于造就了多少迷信胡萝卜和大棒的管理者，人为地把人们分为管理者和被管理者两个阵营。领导学的创立，令人眼睛一亮，不仅仅是因为创新，更关键的是它顺应了这个时代，本质上还是顺应了人性。撇开信息时代不说，即使在农耕时代、工业文明里，也同样需要每一个个体的主动性与积极性，而领导学的全部努力恰恰在于激发每一个员工本身固有的内在特质，发现他们的潜能并让其充分发挥。正如一位哲人所言，发现每一个人可以伟大的地方，并让其行走在一条通往伟大的道路上。这样一来，我们必然会创造一个生机勃发的组织，每一位员工都心明眼亮，十分清晰自己未来要去的地方，当他们奔跑的时候，早就有人为之壮行，当他们张开翅膀，前方即是飞翔的天空，古人所谓"天高任鸟飞，海阔凭鱼跃"的生态理想，正是一个领导型组织的追求。

说到这里，"管理到底为了什么"也许可以有了一个答案：说得时髦一点就是，让每一个人都成为自己的CEO；说得质朴一点，管理的全部努力都是为了激发每一个人的主动性、积极性和创造性。

好教练才是好领导

被誉为全球第一CEO的美国通用电气前总裁杰克逊·韦尔奇创造了诸多商业奇迹，那个时候的通用电气已是有几十万名员工、业务遍布几十个国家、市值超越5800亿美元的商业帝国。当有人好奇地问他，面对如此纷繁复杂、遍布全球的管理重任，如何分配自己的管理时间时，韦尔奇却异常轻松地说，在通用，他只当教练，他把最主要的精力用在了对经理人的培训上了。

好一个韦尔奇，简简单单的一句回答，背后却透射着对人的高度关注。在一般的管理者那里，大都着眼于工作的推广、计划的执行、产品的研发、市场的把控，更有不少人陷在抱怨下属的能力、批评员工的无能的情绪里，情急之中常常拿走已在下属手上的活计，他们的理由大都一致，与其教着下属干，倒不如自己直接操办来得痛快。

确实，如果单就某一具体事情来说，一位有着丰富经验的管理者远比一边接受指导一边进行尝试的普通员工甚至一般的经理人有着更大的优势，无论是做事情的质量和效率都肯定胜人一等，这也是导致大部分管理者"日理万机"的重要原因，因为他们常常不自觉地把下属的事情当作自己的事情做了，时间一长，岗位职责便不可避免地重新划分，下属的任务越来越少，上司的工作越来越烦，"忙乱"让管理者的工作恶性循环。

　　造成这一现象的原因有很多，但大部分管理者往往是在"先人后事"还是"先事后人"的思维方式上出了问题。我们过分关注计划的进展、任务的落实，而忽视了其中对员工们的积极性和创造性的引导，特别是对他们的培养、培训不够在意。于是，一旦事情的进展不尽如人意，便不惜以挫伤员工的主动性为代价，把事情揽在自己手上，希望以一己之力包打天下，过分高估了个人的力量。

　　其实，好领导首先是好教练。他绝对不会自己去当运动员，因为他不仅知道自己顶不过那么多运动员的岗位，他还知道，在有些方面他的实力已经比不上相当一部分运动员。所以，他不再"冲锋在前"，而是循循诱导、诲人不倦，即使个别队员暂时落后，他也能够大度包容，一直等待他们的顿悟。这样的工作方式需要耐心，需要策略，甚至需要在开始的时间里安于寂寞、甘于落后，但这样的工作方式却往往有着后发优势，一旦团队的所有成员通过训练之后凝聚为一个目标明确、能力超群的团队，它就有了攻城略地的能量。

　　应该承认，好的管理者的确可以以一当十，但却很少有人能够"以一当千"、"以一当万"。即使我们一个人真的可以"以一当十"，也肯定比不了我们培养出"十"、"百"、"千"的人去以一当三、以一当五来得高效。尽管我们不可能像韦尔奇那样举重若轻，他的思维方式确实值得我们效仿。

把激励的任务外包

激励员工，管理者当仁不让，但却不可以为责无旁贷，把这样一个如此重要而又高难度的事情揽在一个人或者一部分人的身上。这样做不仅难以完成，而且容易滋生许多问题。

一位有智慧的管理者，除了发挥自己的优势之外，应该最大限度将激励的任务外包，发挥和运用多元多样的激励主体，以充分激发员工们的积极性和潜能。

在学校里，最方便、最直接也最有效的激励老师的主体是学生。都说老师的职业平凡而伟大，平凡是每一位老师能够深切感受到的，但伟大却不是每个人能体会出的。为什么？就是因为我们很少有意识地挖掘来自学生的对老师的激励。一位老师终其一生，难有轰轰烈烈，不可能波澜壮阔，他最值得骄傲、引以为自豪的当是他的学生。一位学校管理者不仅应该鼓励并及时发现来自校园里学生对老师的认可，更应该放眼校外，把那些走上社会的老校友们的业绩进行追踪、梳理。学生的荣耀一旦与校园里的老师挂钩，学生们的自豪成为老师们的骄傲，学生们的担当成为老师们的欣慰，教师职业平凡中的伟大自然显现，工作的发动机当然轰鸣不已。所以，在十一学校的校园里，人们总会看到"优秀校友风采录"橱窗，也总会在学校博物馆里，发现来自老校友的信件。其实，这样做除了展示我们校友的业绩外，一个很重要的考虑，是与他们的老师联系在一起。

激励还可以来自媒体。平淡从来不会得到媒体的青睐，但平淡之中蕴含的崇高却是人人寻觅的。一所学校的管理者必须有一双能发现崇高的眼睛，也要建造一架传递崇高的桥梁，不仅把一位位卓越的老师推向社会，更要把教师这个职业中的崇高向大众诠释。十一学校60周年华诞时，我们在主流媒体中推出了一批优秀教师，并让绝大多数老师的名字和照片出现在媒体报道中，让每一个人都感到自己重要。这个做法起到了很好的激励作用。当社会认识并认可了这些崇高，并向老师们投以敬佩的目光的时候，教育既多了一份责任，也多了一份动力。

激励的任务还可以邀请社会的参与。诸多名流、各界精英，他们之所以能有今天的杰出，往往在他们人生的不同时期有一些老师们的点拨、指导，邀请他们参加学校里有关老师的各种活动，往往也会令老师们意气风发。我们每年的功勋颁奖典礼，都会邀请一位老师们喜爱的德高望重的名家担任颁奖嘉宾；给一些老师举办教学思想研讨会，则邀请业界的学术权威给予点评、指导，让老师们感到杰出就在身边，卓越触手可及。

激励的任务还可以外包给相关的学术机构。每一位教师都十分在乎自己的学术发展，为他们牵线搭桥，让老师们进入自己喜欢甚至追求的学术圈子，既能够满足他们的成就感，也能有利于他们的学术发展。因此，我们创造条件为老师们进入各种学术组织、研究机构以及教材编辑等多种领域搭建平台，让他们在校外的学术领域中快速成长。

"我"还是"我们"?

与一家跨国公司的人力资源主管聊天，谈到他们如何选人用人时，这位朋友告诉我，他们内部有一个不成文的首轮淘汰标准，对那些开口闭口"我"字当头的面试者全部筛掉，然后再对那些以"我们"开头的人进行二次筛选。

从内心来说，我并不完全赞成这样一个略有些残酷的面试标准，但我们却可以从这样一个标准里有所启发，大多数管理者之所以能走到今天，确因其个人的能力被领导认可，以个人的奋斗获取业绩，因而，在一般人的内心，"我"的地位不可撼动，"我"的作用无可比拟，时间长了，自然情动于中而形于外，张口闭口言必称"我"字，也就是很自然的事了。

任何一个人的成长与成功，都必须有诸多客观条件和许多同侪甚至局外人的帮助和支撑，如果我们希望继续成长与成功，就应该潜心研究那些助力我们的各种因素，发现那些曾经和正在帮助我们的朋友。只有这样，我们也才会在未来的事业里，进一步调动各种力量，调配各种资源；我们也才会知道哪些资源和力量是可以继续为我所用的。最可怕的是，一旦成功，即忘乎所以地离弃过去助力于己的力量，最后剩一个孤家寡人，断送了本来可以延续光明的未来。

在学校的实际工作中，我们特别注意构建"我们"的团队，大量的工作都是以项目团队的方式推进，从课程开发，到教学组织方式设计，从管理结构的重建，到评价制度的形成，团队的智慧让每一个成员都感受到了"我们"的力量。在推进工作的过程中，我们也特别注意与个人成长、团队文化建设相结合，每一个创意，每一次跨越，都充分发挥每一个"我"的创造性，激发每一个"我"的潜能。同时，我们又特别注意给每一个"我"创设互动、碰撞、分享的平台，让他们在其中既感受自己的重要，又分享别人的智慧，每一个"我"都融合在"我们"之中。当然，作为学校的评价政策，也是以评价"我们"也就是评价团队为基本原则，以促进团队的融合与团队文化的形成。

　　表面上看，嘴上说"我"还是"我们"似乎并不重要，但可怕的是，一旦推延到每一个人的内心甚至行动，却是了不起的大事。任何一个组织，不要说离开集体的力量，即使没有把集体力量发掘充分，甚至发掘充分了但尚未有效整合都不可能成功。如果一整天只看见"我"而想不起"我们"，想起来其实是一件很可怕的事情。

让选择成为学校的主题词

哈佛商学院终身教授克里斯坦森曾经尖锐地指出："学生和老师希望每天都有成就感！这是他们想要的。他们可以雇用学校来做这件事，也可以用一个机构来实现这个目标。他们甚至可以雇一辆车四处招摇，以找到成就感。学校如何与这些给学生带来成就感的方式竞争？"

克里斯坦森的话道出了我们教育者的心病，说实话，面对五光十色的社会和诱惑遍地的时代，教育变得越来越无可奈何。它无法与游戏竞争，无法与武侠小说竞争，无法与超级女声竞争，甚至都不是一个社交网站的竞争对手。从古至今，被人们捧到天上的教育法宝原来竟是个纸老虎。在世界的各个角落里，教育为什么如此乏力？在大部分教育改革的揭秘里，成功为什么相当罕见？

这是因为我们的校园里缺少了选择。

我们过分夸大了教育的力量，把教育当作挥舞在自己手上的感化与惩治的大棒，一厢情愿地把相同的教育强加到不一样的孩子身上，在"都是为了孩子好"的外衣下，我们已经不太在意孩子们的真实感受和千差万别的需求，

我们仅仅单方面地看重教师的作用。教育是一个互动的过程，如果不能让受教育的一方真正进入角色，没有他们自己的体验、感悟和内化，教育里就没有成长；如果我们的教师在责任的压力下，始终把学生裹在手上，一切以自己习惯

的方式呼前喝后，校园里就不可能萌发成长的活力。

在十一学校，我们自知教育力量的有限，所以尽最大可能创造一个可选择的校园。课程是可选择的，数、理、化、生按难度分层级设置，每个学生根据自己的基础状况和未来职业方向选择适合自己的层次；语文、英语等人文课程则分类设置，让有不同需求的学生可以各取所需。学习方式是可以选择的，既可以按常规要求天天在教室上课，也可以申请自修、免修或到书院里与同伴切磋。作息时间是可以选择的，午餐分两个时段，晚休有三个时间，一切皆可以以自己的习惯而定。当然，最为重要的是对自己未来发展方向的选择，通过学校组织的30多个职业考察和体验活动，让学生们慢慢学会了认识社会、认识自我，理清自己将来的职业倾向，而这一切又为他们选择课程提供了方向。

当选择成为校园里的主题词的时候，思考便成为常态，每一名学生都无法回避对自己、对社会的追问，自我潜能、个人价值和社会责任像孪生兄弟一样一并问世，他们当然也从中找到自己的尊严，抵制外来诱惑的免疫力也大为增强。

著名的成功学家柯维指出，如果学校不能让孩子们每天都有成就感，那么其他能够提供孩子们成就感的方式就会取得胜利。教育永远不可能让所有孩子在同一个舞台上都光彩照人，也不可能以同样的机会让不一样的孩子赢得同样的成功，我们能够具有竞争优势的方式只有一个，就是造就一个充满选择的校园。

扩大教师的影响力

　　几乎所有的管理学著作都要求管理者以身作则，都强调为他人树立榜样，扩大自身影响力的重要意义；在实际工作中，我们大部分管理者也的确高度重视自身的形象，一举一动努力创造领导者的正能量。在一个领导型的组织里，仅仅靠一位管理者自身的影响力已属杯水车薪。千奇百怪的想法，五颜六色的冲动，此起彼伏的竞争，随时随地的云谲波诡已经很难用一个声音指挥，任一位榜样影响。在诸多变动不居的领域里需要更加多样的灵魂，更切实、更具体、更直接的影响力。

　　一个真正的领导型组织，肯定是一个员工积极性、主动性被激发的场所。创造性在村村点火、户户冒烟之后，如何在每一个专业性组织、每一个创造性单元里，都能够让大家找到方向和榜样，就成为领导者的重要任务。因此，在这个时候，一位领导者要理性地放弃仅仅靠自己的影响力推动工作的传统方式，全力以赴去发现员工中间可能产生影响力的人物，然后进行培养和激发，让他们真正担当起某一个领域领军人物的责任，由他们带领一个个小分队去克坚攻难，逢山劈山，遇河搭桥。这样的小分队多了，胜利的旗帜自然会汇合在峰巅。在传统的管理型组织里，大都很注意树立身边的榜样，但由于组织指挥的一统天下，我们树立的模范大都一个范式，往往都是从任劳任怨、勤奋敬业的模子里塑造出来的。尽管这样的榜样令人敬重，任何一个组织都需要这样的模范顶天立地，但在一个多元的领导型组织里，我们还需要诸多领域里的领军者，他们既有如前所述的任劳任怨、勤奋敬业的品质，也有战略的眼光、学术的高度，同时，还要有凝聚一个团队的领导力。

在十一学校课程改革的攻坚阶段，我们及时发现了诸多改革的重点和难点领域的先行者，并以他们为核心，创立了一个个研究和攻坚团队，诸如"王春易教学方式变革研究室"、"方习鹏教学评价研究室"、"周志英探究教学研究室"、"贺千红过程评价工作坊"、"侯敏华学生咨询工作坊"等。每一个领域都需要很好的实践智慧和相当的学术高度，每个领域都有着完全不同的目标追求和研究路线。这时候，那些领军人物具体而实在的学术能力才能构成团队中切实的影响力，而仅仅笼而统之的先锋作用，或管理者的率先垂范已经难有持续的效力。扩大教师的影响力，还需要管理者的境界。如果抱有"武大郎开店，高个头不要"的陈腐观念，就很难有所作为。不仅如此，管理者还需要具有社会责任心和民族使命感，努力让教师的影响力扩大到校外，去影响别人，影响教育的未来，为改善明天的教育添砖加瓦。这样，我们培养和激发的能量才有更大的效益。

把权力关在笼子里

尽管小布什在任期内的形象并不光彩照人，但他在国会报告中讲的一段话却赢得了许多人的嘉许。他说："人类千万年的历史，最为珍贵的不是令人眩目的科技，不是浩瀚的大师们的经典著作，不是政客们天花乱坠的演讲，而是实现了对统治者的驯服，实现了把他们关在笼子里的梦想。因为只有驯服了他们，把他们关起来才不会害人。我现在就是站在笼子里向你们讲话。"

其实，"把权力关在笼子里"是美国建国之初即设定的牢不可破的政治制度，这种说法也并非小布什的创造，而是美国建国之父之一的麦迪逊有言在先。把权力关进制度的笼子里，其实是美国朝野的共识，并不是值得炒作的新鲜事。

关于把权力关在笼子里的价值，小布什的一番话很容易引起大家的共鸣，尤其是在目前权力过于肆虐的背景下，人们很渴望这样一个笼子。在一所学校里，校长的权力既能成事，也能坏事；既能帮助别人，也可以危及别人。在一个行政班里，班主任的权力至高无上，既可以成为鼓舞学生的火花，也可以成为扼杀童心的利剑。因而，如何自觉地把相应的权力关在制度的笼子里，决定着能否建设和谐的校园。在十一学校，每年教代会都会对校长进行信任投票，达不到规定的信任率，校长必须自动辞职。人事、财务、教育教学的指挥权分级设定，校长只可以在每一个领域享有规定的权力。例如，人事方面，校长具有设定各年级、各部门编制和聘任中层以上干部的权力，而教职工的聘任则与各年级、各部门双向选择，从选择过程到聘任结果，校长无权过问。再如，财务方面则规定校长只有批准年度预算和监督预算执行的权力，而每一笔财务开支的权力属于有着相应责任的部门和年级。只要在预算规定之内，他们即有权签批支出，校长不但没有理由干涉，而且校长的签字也无法在财务支出方面发生效力。也就是说，有权批准预算的无权花钱，有权花钱的则只能在被批准的预算范围之内，每个人的权力都很充分，每个人的权力都受到相应的制约。对教育教学的指挥也责权分明，校长的权力在于课程规划，而课堂教学改革的主导权则在每一门学科和每一位教师手上。尽管学校可以确定课堂教学的基本原则和价值追求，但在具体方式方法上却不得指手画脚，更不得从脑袋里想出一个所谓教学模式就让其在不同的课堂里肆虐横行。而选课走班之后的教学组织形式，使行政权力高度集中的班主任也不复存在，取而代之的是与学生平等交流的导师和咨询师，他们不再具有过去班主任可以左右学生的权力。教育需要智慧的力量，这样的管理可以省去关权力的笼子。

其实，把权力关在笼子里，除了防止权力出轨害人，我们从中还可以发现另外的价值。当被关起来的顶层权力变得柔和时，基层的活力才会焕发。多样的责任催生多元的权力，以此才能架构起一个安全、稳定的组织结构，让所有的权力为梦想服役。

还有没有更好的办法

哈佛商学院有一个著名的经典案例叫"谁背上了猴子"，作者通过对大量公司、学校和非政府组织的管理者进行长期跟踪调查发现，绝大部分管理者在用着绝大部分时间代替下属做事情，当一个个下属遇到困难或根本没有困难，只是他们习惯于去请示的时候，领导们往往大发慈悲，毫不迟疑地把本是下属的担子挑在了自己的肩上。

其实，下属有没有能力挑起这些担子，完全取决于领导者的态度和处事方式。在绝大多数组织里，管理边界并不是特别清晰，责、权、利的分配往往也错综复杂，如果不是遇到清明的领导，一般人当然会选择安全的方式行事，时时报告、事事请示就成为他们潜规则中的护身符。这时候的领导者应当十分小心，因为这些报告和请示的工作绝大部分都属于下属们自己的分内之事。也就是说，他们完全可以自己决策，他们也完全可以自己想方设法去解决，只是出于明哲保身，试探一下领导的态度罢了。如果领导者信以为真，参与其所谓难题的探究，必然越陷越深，因为讨论之中肯定大家都会顺从首长的意见，但当我们的意见被唯命是听的时候，责任也全然跑到了我们的肩上。任何一位领导都没有三头六臂，纵使你能力超群，也不可能包打天下。

聪明的做法应该是与下属们分清权、责，你有大田一千亩，我有宅地一亩三，春耕秋收，播种施肥，各有各的绝活，各有各的章法，只是我们目标相同、追求一样罢了。一位领导者并不应该回避与下属们讨论问题，只是要有明确而坚定的自身定位，不可越俎代庖。敲开我们办公室门的下属们往往有一个共同的问题："领导，您看这件事该怎么办？"或者"这个问题如何解决？"通常情况下，我们很容易上钩，因为，在我们内心一直有一个错觉，总以为职位越高能力越强，如果我们敢于另辟蹊径，不再循着他们的具体问题走下去，而是站在更高处，以建设性的态度，把培养下属作为工作目标，我们就可以回答他们一句："你说呢？"这样一个反问可能让不少请示者措手不及，但却直接打开了他们思考的大门。

我这里特别想说的是，即使下属们拿出了解决问题的办法，我们也不可就办法说办法，而应该启发他们思考"还有没有更好的办法"。因为，任何决策都是选择的结果，如果没有更多的办法可以比较，我们很容易井底看天，也很难有思维的深化与提升。其实，这也是防止下属们形成非黑即白的两极思维。尽管通往罗马的道路千条万条，但众人大都喜欢轻车熟路，殊不知，没有尝试过的道路也许有更好的风景。

多问一句"还有没有更好的办法"，也有防止被绑架的考虑。如果我们面对的总是下属提供的一种解决问题的思路，一不小心就很可能循着这条思路走到底，就有可能出现"下属指到哪里，领导打到哪里"的尴尬局面——所谓下属装药、领导放枪，其危害就大了。

第八辑

放弃百分之百

结构、制度和会议

到一所学校视导，发现在一个学期的升旗仪式中，校长有六次强调安全工作，而行政办公会上研究安全的话题也有八次之多，可是，当我们深入考察时，却发现有关学校安全的制度并不健全，只有一些笼统、空洞的条文，具体的岗位职责、工作流程、评估考核等可以落地生根的安全制度几乎没有。而当我们再去研究学校的组织结构时，发现有关安全管理的职能根本没有进入学校的管理结构。

很明显，在这样的学校里，安全工作肯定始终是校长的心腹之患，因为管理结构的设计上没有它的位置，规章制度也尚未对管理结构跟进弥补。这样的事情往往容易成为只有校长一个人着急的事情，着急起来就免不了开会，开会多了尚不见效就免不了发火，如此下来，就难免误入恶性循环的管理怪圈。

让我们重温一下美国著名的管理思想家彼得·德鲁克一段精辟的论断，他说："所谓会议，顾名思义，是靠集会来商议，是组织缺陷的一种补救措施。我们开会时就不能工作，工作时就不能开会，谁也不能又开会又工作。一个结构设计臻于理想的组织，应该没有任何会议。会议应该是不得已的例外，不能视为常规。"很显然，德鲁克描绘的理想状态在现实中很难全部实现，但德鲁克这段话里隐含的一个道理却发人深省，我们之所以不得不召开如此多的会议，根源在于我们组织结构设计中的缺陷。如果我们能够转换一下思路，把大量用在开会上的精力和时间，用在研究组织结构的完善上，也许可以从根本上解决一些长期存在的问题。

我曾经到一所中学去评估，发现校历上每周都有一次全体大会。这所学校有300多教职工，从初中到高中规模不可谓不大，这些岗位职责各不相同的人们聚在一起，我不知道校方该向这些不同的脑袋，且有着不同职责要求的人们灌输些什么。深入了解后才发现，是学校的管理结构存在着很大的风险，以至于校长天天为每一个人的工作状态担忧。在这所学校里，权力高度集中，任何一个层级的责任都有许多，但校长却并没有赋予他们应有的权力，于是乎，失去权力的责任也荡然无存。在这样的组织里，人人都已经学会了上推下卸、拈轻避重和事不关己、高高挂起。于是，整个学校像是一架被拆开了的机器，满地都是零乱、无序的齿轮和螺丝，加油再多也没有了马力。于是，开会便成了校长的救命稻草。还有一所学校则走向另一个极端，校长在学校里推行权力下放，但却没有相应的管理结构保证部门间的协调合作，各部门纷纷建立起了自己的独立王国，校园里堡垒林立，权利分割，好端端一个学校变得四分五裂。不仅师生工作、学习难以形成和谐的氛围，即使校方希望统筹的工作，也难以协调各方的力量。于是乎，开会布置、强调，甚至声嘶力竭地批评、指责便成为学校的家常便饭。

其实，这些病态百出、表现各异的学校，病因却出在同一个地方，就是学校的管理结构有问题。一个组织到底应该设立多少个管理层级，每一个层级应该有多少个管理单位，它们应该承担什么责任，因为这些责任它们又该拥有多少权力，它们之间的关系如何界定，这些都是应该首先考虑好并设定清楚的。当然，由于许多主、客观原因，我们很难让组织结构称心如意，或者说，很难有一个完全适合组织的理想结构。接下来要做的就是在组织结构基础上的制度建设，既是对组织结构功能的完善与延伸，也是对组织结构缺陷的补充。理想的组织当靠结构和制度确保其运行，只有二者解决不了的问题，才能寄希望于会议，所以，德鲁克描绘的管理状态虽然过于理想，却应该成为我们的追求。

如果让我们给那些靠开会管理安全的校长提一点建议，我想说的就是，首先要立足于改造学校的管理结构，让安全管理在组织机构中找到应有的位置。尽管学校是个教书育人的场所，但首先应该是一个安全的地方。为了安全，我们有必要在各个层级确立安全管理的地位，让每一个岗位都理所当然地担负起安全的责任。只有这样，安全工作才会在校园里落地生根，我们也才能从开会中解脱出来。

学校要慎提执行力

面对着有关执行力的书籍畅销、执行力培训走红、执行力的各路新闻满天飞的局面，有位做校长的朋友有些苦恼地告诉我，学校内部的执行力欠缺，学校决策的许多事情在老师层面很难贯彻到底。

我想起了人民公社时期管理生产队的诸多笑话。当人民公社作为一级核算单位时，人民公社管理者的责任和压力自不待说，但各个生产队的情况又千差万别，尤其是类似播种、收割、捉虫、施肥的事情，不同地域、不同作物、不同墒情，应该做的事情肯定各不相同，可是，当各个生产队被告知要按照公社领导的要求统一步调齐步走的时候，矛盾、冲突自然就会发生。于是，经常会出现让领导十分尴尬的现象，就是那些一切听从指挥的生产队收成很差，而那些不太听话的生产队反而仓囤粮满。

教育有点类似农业，每一位老师面对着千差万别、富有个性的学生和教育情境，每一门学科都有着自己特有的认知规律和教学规律，每一次教育教学活动又十分独特而不可重复，身处第一线的老师当然也包括干部们，每时每刻都面对着全新的挑战。他们应对挑战的决策不仅会因为挑战本身的不同而有所不同，还会因为他们自身的素质、经历的不同而选择不同的解决方案。如果这个时候让他们唱着"三大纪律，八项注意"去施行教育，其效果也就可想而知了。

所以，对一位管理者来说，尽管政令畅通、一言九鼎是颇具诱惑力，又很能满足虚荣心的事情，但是，却不是学校管理者管理工作所追求的理想状态。一位聪明的校长，应该尽可能淡化行政的力量，让更多的事情在协商、协调和协作中解决。正如日本著名管理大师士光敏夫所言："权力是把传家宝刀，最好不要拔刀出鞘。"

　　在学校推进学科和学术领域的改革中，我一直坚持躲在后台，尽量避免以行政的力量和校长的身份与老师们对话。原因很简单，任何一位学校管理者都不可能谙熟所有的学科教学，而说到具体的教学情境与教学方法，则更可能捉襟见肘。如果你在老师们不好意思反驳你或没有胆量说穿真相的时候，盲目自大地做出若干有违规律的决策，教育不仅会走向迷茫，更加可能的是让学校充满了诸多的无奈。

　　说到这里，也许有的朋友要说，如此这般，不是放纵落后、听任懈怠了吗？其实，当有的老师真的对我们的指挥、对我们的要求还没有想清楚或还没有找到更好的方法时，我们应该允许他们暂时落后，给他们时间去思考，给他们机会去体验。一旦他们自己想清楚了，真正科学、切实、有效的执行力就会在他们自己身上生长，这样的执行力才是学校里真正需要的。

　　我们在学校里设立的"教育家书院"，就是为了构建由优秀教师负责的培训机制，就是由一些既优秀又普通的老师与各类处于不同成长期的老师们商量他们各自不同的成长方式，这样的协商中可能有争论、有否决，但却很容易避免的是老师们的"被培训"。我们在学校设立的"课程与教学研究院"，也是为了建设具有学校特色的课程形态，但一切应该循着老师们能力的可及性和精力的可能性，尤其重要的是，必须遵循学科的特点和教学的规律，协商在这里扮演了一个行政力量所不能扮演的角色。

苏霍姆林斯基曾经有一句教育界的人们耳熟能详的话："校长对学校的领导首先应该是教育思想的领导，然后才是行政的领导。"其实，这句话的潜台词就是淡化行政的力量，避免一些不太靠谱的过于强大的行政执行力，让协商发挥更大的作用。

放弃百分之百

2010年，我们学校的高考水平达到了一个新的高度，重点本科进线率达到了99%。于是，人们在庆贺之余也对未来充满了期待。大家都很清楚，只要稍加努力，百分之百的重点率便唾手可得。

恰好也就是在这个时候，我们在高一新生的录取中面临着一个两难选择，一位在马术方面已经很有造诣但中考成绩差距很大的学生报考了我们学校。

录取还是放弃？议题被提到了学校校务会。

凭经验，以这位考生目前的中考成绩，基本可以断定她三年之后的高考成绩，不要说进重点本科线，即使能否达到普通本科线也没有把握。很明显，录取这样一位新生入校，基本就宣告了我们三年之后的高考不可能像人们期待的那样，有一个百分之百的"卷面分"。

校务会的气氛很热烈，但意见却令人欣慰地一致：放弃百分之百的重点率，为各类不同个性学生的成长创造更多的平台，为老师们的教学创造更加宽松、和谐的氛围，将学校真正建设成为一所属于孩子们的学校。

于是，学校内的现代书院诞生了。我们为那些已经在各个领域专业上崭露头角而学科成绩不尽如人意的学生提供了一个个性化成长的平台。一位学赛车的学生每年要有几个月的时间训练、比赛，随班就读不可能适应齐步走的学习进度和学习难度，我们为他打造了适合他自己时间、地点的个性化课程。而那位在马术方面已崭露头角的女孩，因为需要诸多高中课程里没有的知识与能力，我们也从需求出发，为她开设了交际英语、欧洲文化史等课程。

老师们开始更加关注孩子们的未来，高中三年如何为未来的成功奠基，如何为精彩的人生铺路，分数之外有着值得我们倍加重视的东西。

静心而思，我们确实放弃了一个百分之百，但是，我们也有可能收获另一个百分之百。前一个百分之百是学校的"面子"，而后一个百分之百是每一名学生的个性化成长。

在我们学校，每年教代会上都有一个对干部的满意度测评，对干部们来说，如果能够得到百分之百的满意率，当然是再好不过的事了。但是，我们明确提出来，任何一位干部，不可追求百分之百的满意率。如果我们当干部、做事情，时时事事想着的是百分之百的满意率，我们就不可能做好工作。因为，如果这样做，我们追求的价值就已背离了我们的真正使命。再说，世界上本没有完美的事情，从常理上说，也不应该有百分之百的满意率。如果有谁刻意追求，那只能是扭曲别的什么东西或者付出超常的代价，甚至包括损害那些我们本来想要的东西。

一方面，我们希望干部们有一个较高的满意率，同时，我们也会防止大家去追求过分完美的百分之百。只有这样，大家才会始终将眼光瞄准真正的目标，追求应该追求的，放弃可以放弃的，让大家的心灵从容淡定，也许这样就不会迷失我们本来的追求。

把汤匙交到喝汤人的手上

看到躺在床上不能自理的病人由陪护人员喂汤喂饭，享受精心贴心的服务，备感温馨。可是，如果我们在日常生活中让健康的人也同样享受如此的照料，不仅看上去荒唐滑稽，即便被服务者也会感到无比别扭，因为那种"被服务"状态下对服务的"配合"，远没有自主料理轻松自如，与其张开嘴巴等待别人的汤匙，倒不如把汤匙掌握在自己手上来得痛快。打量一下校园里的若干教育和管理活动，颇有些类似汤匙放到局外人手上的做派。

单就我们的教材来说，就一直因为其价值定位模糊而难尽如人意。从名称来说，它当然应该是为教师们编写的。可课程改革以来，人们又普遍认为教材的编写理应站在学生的立场上，不然还喊什么"以学生为本"，甚至学生人手一册本身即可证明教材的价值诉求。所以，有人主张将教材的名称改为学材并非没有道理。更有大多数编者声称，新一轮的教材已经实现了从教师本位到以学生为中心的转变。可是，遍观不同学段、不同学科、不同版本的教材，我们仍然十分遗憾。这个本来是给学生用的教材，一到关键时刻，便将学生们渴望知道的或特别需要详尽介绍的内容藏了起来，编者不自觉地与老师们结盟，始终希望将汤匙留在自己手上。于是，仅有老师和教材的课堂上，孩子们永远是在张大嘴巴等待手握汤匙的老师喂养，这样的情景尽管看上去滑稽可笑，人们却又无可奈何。

　　仔细想来，我们在给学生的教材里始终留有余地，或者不经意地把要害知识和关键方法放到了教师参考书里。这还是因为传统的师道尊严作祟，如果学生通过教材自主学习，那势必会动摇教师的权威，因而留一把汤匙放在自己手上，就成为很自然的事情了。在学校的管理活动中更能发现类似的环节，呼吁了三十年，在大部分学校里，我们终于实现了把图书馆、藏书室里的书架面向师生开放，但实验室的仪器、药品却仍然掌控在管理员的手上。本来是老师、学生天天要用的东西，硬是多出一把大锁，把他们和资源断开。表面上看来，这类似是为了减轻老师们的管理负担，可在具体操作过程中，却严重影响了师生使用资源的情绪，那种张开嘴巴等待汤匙的尴尬只有身临其境的老师们心知肚明。按照管理学的理论，应该让最需要资源的人及时方便地获取资源，让使用资源的人有权力管理资源。设一些实验管理员当然是好事，重要的是谁来管理这些管理员。如果他们不仅不听老师们的吩咐，甚至经常俨然以管理者自居而俯视师生，更有甚者以手上握有资源管理权而与师生讨价还价，这样的"被服务"只能让老师们伤心、苦闷，这样一来，汤匙还是换一下手交到师生的手上为好。

决策应放在信息获取最充分的层级进行

我曾经研究过一些学校的办公会记录，在一所学校行政办公会的记录中发现，期中考试之后的半个学期里，在五次办公会上竟都有同一个议题：学生公寓的管理。深入访谈后才明白，每一次研究，参会的领导们或因为有许多具体问题不清楚，无法形成统一意见，或因为想不出解决问题的具体方法而无法拍板，议题只好一拖再拖，直到第五次研究时，校长急中生智，带着部分与会者来到了公寓现场，不曾想，两位公寓管理员的几句话，拨散了五次办公会的迷雾，事情在十分钟内就得到了圆满解决。

我倒不是提倡大家事事到现场召开学校办公会，也不想证明过去那句常常挂在嘴边的"群众是真正的英雄"的老话，因为，许多时候，群众是英雄，领导也是英雄，只是要看他们是在处理什么事情。在一所学校里，每天都会有一些事情需要决策，但并不是所有的事情都需要推到校长室，甚或拿到办公会上去研究，因为，从管理学的角度看，科学的决策，应该放在信息获取最为充分的层级进行，哪个层级的事情，往往需要靠哪个层级的人们的智慧去解决。只有如此，管理才有可能切实、高效。

我在潍坊市教育局工作期间，市政府设立了一个市政府教学成果奖。这个奖项是市政府三大最高奖之一，每年由市政府发文件表彰，市财政全额拨付奖金，每年的教师节表彰大会上由市领导亲自为获奖者颁奖。按道理，获奖人员的确定是市政府常务会议的权力，然而，我们没有那样做，甚至连教育局的局长办公会我们也不做决策，而是委托一个专家评议委员会去审定。因为，他们掌握着充分的信息，最清楚教学成果的内涵和外延，最后得出的结论也往往最足以服众。最后，我们只是把专家确定的结果拿到局长办公会、市政府常务会上广而告之罢了。试想一下，如果我们真的把决策推到市政府的常务会议上，分管工业、农业、财政、城建的市长们该说些什么好？如果不是从事实出发，而是从权力出发，又会得出一个何等的结果？

曾在一次培训中参加过一个邮件速递的游戏，"速递公司"的总经理希望以最快的速度将客户的80个邮件递送到收件者手中。可是，我们已经参加过三轮速递游戏，遍尝其中酸甜苦辣的10位"员工"，却只能被动地听从那些并未参与实战的所谓"管理者"的吩咐。从"总经理"到"部门主管"，十几位管理者起初莫衷一是，最终又屈就妥协，达成了一个对我们员工实施管理的决策，直叫我们啼笑皆非。当然，尽管我们竭尽所能，但最后递送邮件的结果却难以让客户满意。

游戏结束后，当培训者要大家谈一些感想时，一位员工慨叹说："本来我们10位员工商量着会干得非常漂亮，不想都让领导们给搅坏了。"话是说得刻薄了些，可仔细想来，我们在日常工作中，不是也常常干一些诸如此类的事情吗？

想清楚并写下你的自我评价标准

在成为优秀者的道路上，许多人十分顺畅，但在从优秀攀登卓越的过程中，大多数人却败下阵来。

为什么？

除了优秀往往是卓越的大敌，优秀之后常常随之带来骄傲自满等诸多原因之外，有些人没能及时地更新对自己的评价标准也常常是停滞甚至失败的原因。

我上初中的时候一直很苦恼，尽管学习成绩一直在班上名列前茅，可体育成绩特别是篮球成绩一直位次很差。而高中时期正赶上"开门办学"，修路、挖河的工地成为中学课堂，面对比自己年长四五岁的同伴，拼体力的业绩自然与他们相去甚远，为此，我常常陷入苦闷。幸好家人、老师的安慰，才使我逐渐明白，由于年龄原因，在许多与体力相关的方面我不应该给自己定下与同伴相同的标准。

"文革"时期，我的家乡有位颇有名气的县委书记，经常以在大田里劳动作为自己上班的方式，县里的许多会议也常常在田间地头召开，以避免影响他下田劳动。因为他是从农村干部一步一步走上县委领导岗位的，当村大队长时，衡量他们是否"以身作则"、"带头实干"的重要标准，就是看他们是不是随时在手上拿着锄头。一直到当上县委书记，他仍然以此为鉴，始终用同一个标准衡量自己。于是，这个县委书记不仅自己当得很累，把其他领导也折腾得够呛，当然，他这个县委书记也肯定当得不伦不类。

由此可知，许多人之所以屡屡验证彼得原理，不再能够胜任上一级岗位，其中一个原因就是没有在岗位变化的同时，改变自我评价的标准。

其实，要从根本上解决这一问题，还需要从更高层面重新定义成功。许多优秀人士由于对成功的理解不够实际，也不够专业，硬是把别人的成功标准和其他行业的成功标准安到自己名下，结果，当循着这样的评价标准孜孜以求时，原来的成功、本来的优秀都烟消云散。

前些年曾经发现有网友给小品大王赵本山支招，希望他放弃做大公司做强实业的宏大理想，保重身体，养精蓄锐，每年能够给中央电视台春晚磨出一个全国电视观众喜欢的小品，如此再持续十年，本山哥功莫大焉。

我们无法评论赵本山的追求和网友的建言孰对孰错，单就是否真的能够实现某些方面的转变来说，其中的原因确实根植于当事人内心深处的自我评价标准——如果一个人自己没有想清楚，这是任何别人都没有办法改变的。

我们经常听到或看到一些国家政要作秀的新闻，他们似乎要把自己包装成无所不能的明星。其实，这些政治家们已经没有了自我，他们是在按照不同类型选民的评价标准塑造自己，作秀的背后不过是为了选票而已。当然，成熟的政治家们可能会适可而止，把自己内心那个政治家的标准和选民心目中那个政治家的标准分开，拿到选票之后会清醒地找回自己，按照那个本来的标准成就政治伟业。如果真有些昏了头的家伙一味迎合如此众多的各类选民的标准而不加分析地走下去，不知道会发生些什么样的闹剧。

十一学校每年由教代会对干部做出满意度评价，我和我的同事们都给自己定了一个"放弃满意率百分之百"的标准，但同时也有一个必须超过一定比例的目标。在这样一个实事求是而又可望可及的范围里，大家既可以放开手脚做事，又不至于违反民意翻船。

在一次针对美国中小学校长的培训班上，我曾要求一些美国同行用几句话概括自己，其中的一些答案很是耐人寻味。有一位校长写道，他是学生权益的保护者，科学课程的指导者，数学课程的帮助者，篮球的顶级教练，但最后他还说了一句，语言课程无论如何也不敢插手。因为，他在语言学习方面没有任何天赋，也没有任何发言的权利。

把自己想清楚了，可能就有了一个好的管理工作的开始。

像药品说明书那样坦言教育的禁忌与风险

拿到任何一种药品，我们一般都会习惯于先看一看说明书，尤其要特别关注的是药品说明书中提醒的禁忌与风险。有了这个提醒，风险自然可以得到规避，而必然出现的不适应症状也会在意料之中。有了充分的心理准备，自然就不会大惊小怪或惊慌失措。

教育工作尽管不同于服药，但是许多时候也同样有许多值得研究的问题和风险。如果我们不去认真分析、归纳各不相同的教育活动所隐藏的各种不同的教育风险，就失去了研究这些风险的规避方式和解决办法的前提，当然，也就谈不上把这些风险事先告诉我们的受教育者，即面临风险的孩子们和家长们。于是，在大家都没有准备、都没有心理防范、都没有掌握规避和解决风险的方法的情况下，风险在现实中就必然地放大，教育就有可能走许多弯路，甚至失败。

每当接受一名插班生来校读书时，我首先要告诉他们的往往不是学校的莺歌燕舞，而是他有可能要遇上的"山重水复"。譬如他会失去原来的同伴，一段时间里遇到的苦恼可能会无人可以倾诉，对新任老师的教学方法很可能不适应，班级的文化肯定与过去的学校有所不同等。这一切，对一个孩子来说，是很大的事情，搞不好就会造成很大的挫折。我甚至还会告诉他，在一个月之内，他可能会产生转学回去的念头，但是，一旦"熬"过两个月，通常便会柳暗花明。

让我欣慰的是，只要我把这些风险预先告诉了学生，他们一般都会比较顺利地度过适应期，后来的发展也比较好。

每年新生入学时，我们都要提醒他们，学校里有许多陷阱：200多门选修课可能让他们眼花缭乱，如果没有弄清楚自己的发展方向，盲目选择，选择过多的课程可能会带给他们更多的挫败；150多个学生社团对新生更是充满诱惑，但是，如果不是有明确的自我锻造的目标，完全由着自己性子"走火入魔"，磕磕绊绊下来，不一定是福。我也会告诉他们，物理力学的难题可以从数学课上寻求突破，英文阅读能力的提升可以从英美历史、文学、艺术中汲取营养；青春期里你很可能会收到异性同学的"纸条"，在更年期的包围里也要有应对的机智。这些提醒尽管不可能对所有的学生都奏效，起码可以让大部分学生和家长少走了许多弯路，规避了相当的成长风险。

其实，在推进教育教学变革中，我们同样需要对实施变革或者即将实施变革的老师们有一些禁忌和风险的提醒。语文大阅读的教学方式，一般会影响第一个学期的考试分数，在变革初期让师生共同探讨如何避免成绩下降的策略，让规避风险成为师生的共同追求；生物单元教学由于加大了实验教学，变革初期的教学进度肯定放缓，走过这个艰难时期需要师生有何付出；班级自主管理肯定会遇到有的学生无所适从甚至无所事事……如何及早让大家看到未来的风险，管理并化解这些风险，也许，我们真的该学一学药品说明书的坦率和策略。

第九辑

精确的分数不一定是
正确的评价

教师的业绩在哪里

有位校长朋友曾经很苦恼地告诉我，在学校里经常会遇到两种不同的老师。一种是将全部心血和汗水都用在学生身上、用在教学上的老黄牛式的老师。他们不太在意个人的名利得失，不喜欢显山露水，不乐于出头露面，公开课不热衷，著书立说没兴趣，每到评先进、晋职称，尽管有很突出的教学业绩，也有很高的民意，但常常因为科研素养的"瘸脚"而丧失机会。还有一种老师则擅长兼顾各方，教学工作业绩尽管不很突出，但也说得过去，同时又特别注意研究学校和上级主管部门评先晋职的政策要求，论文撰写、课题研究"踩"的点又多又准，每到评先晋职时，尽管其教学业绩并不特别突出，甚至常常被人们所忽略，但一旦汇总出分数，他们常常名列前茅甚至独占鳌头。长此以往，很是伤害那些埋头苦干者的积极性。

其实，要想很好地回答这位校长朋友的管理难题，我们必须首先弄清楚一个关键的概念，那就是教师的业绩。什么才是教师的业绩？教师真正的业绩到底在哪里？

很显然，一位教师的全部使命就是教书育人，他的业绩理应由他的学生来体现。只有他所教育的学生的成长，包括德、智、体、美的全部增值，才能称为教师的业绩，舍此无他。而开设公开课、发表文章、著书立说当然也是我们十分看重的事情，因为这些可能会影响一位教师的未来素质，但无论如何，这些都不能算做今日之业绩，更不能将这些项目的得分与教师真正的业绩，也就是他们所教学生的成长简单地加在一起。在我们学校，为了鼓励老师们既重业绩提高，又重自我素养提升，我们把二者分开来衡量。一方面，我们十分重视每一位老师所教学生的学业成绩，同时，又将学生德、智、体、美的学分纳入对所有教师的评价，以此引导师生重视全面发展，重视业绩。另一方面，我们又将老师们在学术领域里获得的进步以学术素养积分的办法予以汇总，定期为达到一定分数的老师颁发金、银、铜不同的奖项，不断激励其成长进步。这样一来，业绩、素质不仅学校分得明白，连老师自己也一清二楚，不至于迷失了自己，也自然会在自己的专业道路上走得更远。很显然，素养并不是业绩，重视教师的专业成长没有错，但将素养与业绩简单相加，混为一谈，则是管理工作的大忌。那样做不仅让一个组织弄不清真正的评价结果，就连被评价对象也会迷失自己，时间长了，必然会影响到一个组织的健康。

评价学上有一句话耐人寻味：任何一个组织都必须通过评价去发现那些穿着闪亮的鞋子却怎么也走不快的人。其实，一旦我们有了科学的评价方式，穿着各种鞋子的人都可以走得很快。

精确的分数不一定是正确的评价

我在山东省高密四中做校长的时候，为了尽快建设良好的校风，在班级管理的常规评价上下了很大功夫，短期内确实也收到了明显的成效，但问题也随之出现了不少。

譬如，对班级工作检查评价的全覆盖，使班主任老师每天都会收到常规检查扣分的通知书，有时一天甚至会收到多张扣分单。由于每一张通知书都决定着班级管理的业绩，甚至与班主任补贴的多少挂钩，因此，通知书紧紧地左右着老师们的心态，搅动着老师们的情绪，许多时候使教育失去了理性。

譬如，学期末对班级工作评价时，往往是以分数论英雄，从高分到低分排出前几名作为优秀班集体进行表彰，其他班级则无疑成为后进班级，有时候几分之差即分为优劣。表面上似乎公平、公正，实际上是与老师们分分计较，里面有着很不合理的成分。班级管理和建设是个复杂、系统的育人工程，许多工作是表面的分数难以衡量的，即使有一定分数的差别，也很难从分数本身区分优劣。

一句话，精确的分数不一定是正确的评价。

因此，在后来的学校管理中，我们坚持将班级、学生的常规工作明确一个基本的标准，大家能够做到那些基本的规范就可以了，而检查的分数只要能够达标，也不再与之分分计较。大家在一个理性的、宽容的氛围里将着眼点放在真正的教育上，用更多的精力和时间去关注孩子们的心灵，去呵护他们的成长。这样一来，教育变得心平气和，老师们也不再焦躁。他们开始在常规检查的得分和失分背后分析问题、解决问题。教育回归了本原。

如果我们回到学校本意上理解，其实学校也是孩子们犯错误的地方，每一个孩子都必须经过自身的错误体验而走向成功。如果我们在设计学校管理的评价机制时忘记了这一点，睚眦必报，眼里容不得半粒沙子，学生在校园里就会失去诸多成长的机会，甚至会出现形形色色成长的假相。这样的机制其实是不提倡甚至不允许老师们向孩子们放手、放权，不鼓励老师们为孩子提供或者创造机会的，教育也因而丢弃了自己应有的责任而严重异化扭曲。

在欧洲考察时，一位教育同行曾向我们介绍了他们在处理学生错误时一些有趣的方式。譬如，他们在每一位孩子生日时，发给他们不同颜色或不同形状的几张卡片，当孩子一不小心犯了一个错误时，可与老师商量交回一张相应的卡片"赎罪"，当然，卡片的颜色和形状决定了可以"赎"的"罪"大小。当然，在这个过程里其实也有教育，只是他们比较"尊重"孩子们犯错误的权利，以这种有趣的方式表达他们的包容罢了。

在今日课堂教学方式与学习方式异彩纷呈的背景下，我们再来看老师们的教学成绩，可能也会有同样的感受。如果按照传统的评价方式，简单地以终结性考试分数来衡量各位老师的教学业绩，甚至与他们分分计较，这肯定不是一种科学的评价方式。因为，分数背后藏着许多看不见的东西，包括同样的分数是怎么获得的，这些都会深深地影响获得这些分数的学生们的终生。

　　等级制评价已经写入了新的课程方案，理论界也呼吁了多年，在实践中也有了许多好的经验，尽管它与精确的分数评价方式相比也可能会产生另外的问题，但对于寻求正确的评价却有很好的作用，但愿这样好的制度能够尽快在更多的校园里扎根。

评价团队才能形成团队

学校间缺乏开放已成为许多教育有识之士的心头之痛，而学校内没有形成真正的团队也早已成为不争的事实。对桌办公，每位老师的幻灯片都是从零开始，对坐备课，每位同事的课程资源都是各自"百度"。教育，一个如此崇高的行业为什么变得如此无奈？教师，一个特别需要集体智慧的岗位为何都在单兵独斗？

究其原委，主要是因为我们学校的管理，尤其是不科学的评价方式带来的恶果。

教师这一职业确实需要个体智慧，但同时这又是一个特别需要传承前辈经验、借鉴同伴成果的职业。教师天天面对的是活生生的充满灵动的孩子，而且世界风云、五洲霜雪无时无刻不在影响着课堂，挑战着他们的教育智慧，即使他们能够连纵结横，以团队的力量应对挑战，也并非轻而易举，何况是目前这种普遍存在的个体作战格局。

集体备课、发挥集体智慧可能是绝大部分校长在教学管理工作中提及最多的话题之一，但也是目前在一般的学校里最不能放心的事情。因为，在这些学校里，最后对老师的实质性评价还是衡量教师个体的成绩，并以此确定他们的绩效待遇。同在一个学科，并非以学科集体的业绩为依据评价团队，而是在一个学科内部区分优劣，这样的评价势必将他们拆分得七零八散。

在日本访问时，发现他们在中小学生的各项活动中均以团队为单位评价，他们有意回避了对个体业绩过多过分的渲染，甚至在中小学生中他们都不太愿意提及与竞争相关的字眼，更多地把合作挂在嘴边，真乃用心良苦。教育不是奥运会，更不是世界杯，因为，从我们校园里走出来的人们，需要在一个特别需要合作的团队里获取成功的体验和幸福的生活。

说到这里，我又忍不住想到了正在一些学校推行的学生综合素质评价，让我感到特别无法接受的是让同学们之间互评分数，而评出来的结果有些地区竟然与高利害的中考和高考录取挂钩。这样的评价方式将孩子人性中"魔鬼"的一面展露无遗，甚至连家长也被引导到这场互相残杀的恶性评价之中。

学校本来是孩子们寻找同伴、寻求合作的地方，不知从什么时候开始，我们的主流文化竟然变成了寻找竞争、寻找对手，如果孩子们在校园这方净土中都没有生活在一个团队里，我不知道未来的社会将是一个什么样子。

评价的目的是促进被评价者的进步

学生评教是大部分学校普遍采用的评价方式，但由于评价观的不同，特别是评价目的各异，达到的效果也各不相同。

有的学校在指标上大都盯着老师们的问题，老师上课有没有拖堂和迟到，对学生有没有体罚和变相体罚，穿着打扮是不是奇装异服或浓妆艳抹，诸如此类的问题交给学生评判，很是让老师们郁闷。管理者可能认为，把问题弄清楚了，问题自然就会解决。有的学校最后交给老师的是一个孤零零的评价分数或名次，老师们只好从几个阿拉伯数字里猜度自己：名次高了，兴高采烈之后并不了然自身的优势；分数低了，伤心郁闷之余也难以明确今后改进的方向。很明显，这样的评价不过是为了区分优劣罢了，至于能否诊断问题、是否可以促进被评价者的成长一类的价值取向，并没有挂在管理者的心上。

如果稍微留心一下管理学的基本原理，我们就会发现，尽管管理学著作汗牛充栋，尽管管理学流派也各有春秋，但有一条原则基本可以成为他们的共识，就是"赞美制度不断强化管理者愿意看到的行为"。实践中的教训毋庸置疑地告诉我们，领导者和管理者天天盯着问题的组织里，问题会越来越多，而天天发现闪光点的管理，则往往使组织里的亮点更显光彩。还有一个值得警惕的原因就是，我们不希望在这样的评价思维中，给学生不良的教育暗示——让他们天天盯着老师的脚后跟，养成乐于寻找别人毛病的习惯，这不是我们的教育诉求。

其实，评价的最终目的应该是促进被评价者的进步。十一学校在设计学生评价教师的指标体系时，首先列出确能代表教师职业特点的 10 大要素作为评价指标，包括"我觉得老师风趣幽默，平易近人"、"我从老师那里学到了很多分析问题的方法"、"老师既能发现我的优点，又不放过我的问题"、"老师的人格魅力影响了我"等，然后由学生在这 10 项指标下对每位老师进行评价。需要特别指出的是，汇总学生的评价结果之后，我们只为每一个指标确定等级，让每一位老师都十分清楚自己在哪一个指标上得到了学生的爱戴和敬佩，在哪些方面有大部分学生认可，还有哪些方面需要继续改进。评价给出的信号清楚明白，老师的职业成就感油然而生，发展方向感也了然于心。当然，在讨论这一评价思路的过程中，我们也颇费周折。因为，大家还是习惯了将所有评价指标简单相加，给每一位老师汇总出一个总分或等第，似乎不这样做就没有了管理的抓手。但最后我们还是坚持了最初的设计原则，即使我们撇开评价是为了促进教师成长进步的目的不说，单就指标本身的性质来说，各个指标之间也难以拢到一起。就像一个苹果和一瓶墨水一样，独立去看，既清楚又明白，如果一定要把二者加在一起，我们实在想象不出会是一个什么怪物。

聘任是最好的评价

　　每当谈到我们在学校管理中慎用评价甚至是疏于评价时，总会遭遇一些同行的质疑，国有国法，教有教规，如此管理，备课、课堂教学、作业批改不纳入教师评价，甚至连考试成绩也要三年后评定，起始的一、二年级的成绩不作为评价的内容，匪夷所思也。

　　其实，我们之所以这样做，是基于对教育工作本质的思考和对教师职业的定位。教育的对象是宇宙间充满灵性的人类，它的内在丰富性和复杂性就决定了我们教育的特性，如果教育工作的本质是育人，我们就不能以线性的思维或仅仅靠量化的方法去审视和评判。教师肩负着塑造学生精神生命的神圣职责，教师从事着世间最复杂的高级劳动，教师的职业不仅是传承过去，更是创造未来。这样的职业怎能依靠对几张卷子和几个数字的判断得出科学的结论？

　　因此，我们必须寻找综合的、多维的、互动的评价方式，而具体实施方式就是人事制度构架中的以双向选择为特点的聘任制度。具体做法是将学校划分为以年级部和中层部门为基本单位的团队，每一个团队由校方确定编制和与之相应的薪酬标准，由每一个团队的主管和全校教职工双向选择，同时，在选聘的过程中双方协商确定薪酬待遇。

　　聘任制度怎么会成为评价制度？团队主管肩负的责任和压力使之必须在规定的编制和薪酬水平框架下选择最佳人

选，这就必然使他们最大限度地去搜寻被聘任者各方面可以搜寻到的素质和业绩，综合分析也好，模糊评价也罢，每个团队心中的那杆秤往往比较容易选择到适合他们的员工，一群志同道合者往往也能较好地形成团队。而每一位教职员工因为面对着诸多可以选择的团队和岗位，也完全可以使自己的潜能最大化，没有必要回避的是，有些员工可能也在寻求薪酬利益的最大化。当然，对绝大部分员工来说，找到适合自己的团队，被聘到自己感兴趣的岗位，可能是最为要紧的。

在这一聘任过程中，一个组织最大的收获是什么？我们的结论是，最大的收获就是各个层级的管理者和被管理者的自我诊断和自我评价。

每一位教职员工在聘任过程中都会遇到一个现实的问题：自己最看重、最感兴趣的第一志愿，也就是第一个岗位选择能否得到满足。这里面的潜台词其实是自己的素质和业绩是不是被认可。如果一位老师在第三志愿才被选聘的话，其实，他已经有了两次落聘，那么接下来应该反思的事情可能会很多。

手里握着编制和薪酬标准，有着聘任大权的每一位团队主管一点也不比普通的教职工轻松。事实上，他们有着更大的压力，他们被推到了全校所有被聘任者的评价之中。有没有适合的，特别是优秀的员工选聘自己的团队，是对他们最大的评价，也是最实际的冲击。如果费尽九牛二虎之力，仍然难以达到自己的聘任预期，那么在下一步的管理工作里，可能应当步步为营。

　　说到这里，有些读者可能会产生诸多担心。譬如，团队主管的权力过大谁来制约？薪酬分配的标准如何实现公允？骨干教师过于集中又如何统筹？落聘下岗的人员如何处理？这些，只要我们预先设定方案的时候考虑周全、规定明确，即可避免问题的发生。譬如，每年一次的教代会对干部的信任投票决定干部，包括校长的去留；构建八级薪酬体系，为每一个薪酬等级设定基本的标准；为每一个团队规定对骨干教师的聘任数量以避免优秀人才"扎堆"；校内设立人才交流中心，为暂时落聘的人员提供一个尽管不够体面但也可以委曲求全的去处。如此这般，我们便可以通过聘任体系避免过多过繁的评价，营造一个宽松、和谐又不失活力的校园。

发现非正式表扬的魅力

在所有的管理行为中，评价是一项需要每一位管理者特别小心的事情，因为它本身的高利害，也因为评价是一项专业性很强的工作，所以在管理工作中需要慎用，在实施评价中要慎重。不然的话，不仅可能达不到预期的效果，还极有可能伤害组织内部的元气。

因此，一些成熟的管理者往往把目光投向了管理学上的"非正式评价"，尤其是"非正式表扬"的运用，常常对激发人的潜能、营造和谐的组织氛围起到举足轻重的作用。

曾经遇到过一位很有涵养也有相当级别的领导，他常常在你做了一点什么事情之后向你伸出他的大拇指，以至于被业内人士私下很敬佩地称为"大拇指领导"。你的一项变革、一点经验，甚至一篇文章、一次发言，都有可能获得他"大拇指"式的认可。其实，这样的认可既无奖金，也无证书，当然也没有级别，但对激励我们前行却有着无可比拟的效应。

在学校管理中，一位管理者应该尽可能多地捕捉运用非正式表扬的机会。在十一学校，这种对机会的捕捉已经成为许多管理者的习惯。每个学期的评教活动，学生们都会在问卷上写下许多滚烫的话语赞美老师，于是我们便将其汇集起来，或印在给老师们的贺卡上，或镌刻到给老师们制作的笔筒上。教师节到了，我们把老师们收到的贺卡收集起来，搞一个优秀贺卡展览，汇集一些动人心弦的优秀贺词。在定期展出的优秀校友风采录上，我们也忘不了将优秀学子和他的科任老师连在一起，在彰扬优秀校友的同时，让老师们体验到职业成就感。每个月的生日聚会，工会都会提前录制同事、学生的赞美，在现场为过生日的老师播放，为的就是寻找身边的感动。每年的迎新酒会上，我们也要为每一位新加盟的老师总结一句赞美、肯定的话语，在酒会的高潮时宣读。尽管有的老师刚刚入校甚至当日报到，但他们的优点还是被同事们发现了。每年退休的老师也会收到一本专门为他们制作的纪念册，其中记载着他们在校期间闪亮的足迹。即使由于某种原因辞职或落聘的教工，我们也会同样奉上学校为之汇集的各种亮点记录。如果他们一时情绪不佳，我们宁愿等待机会，因为我们相信真诚的力量。

当然，非正式表扬也不可因为其非正式的特性而随意为之，它的出发点必须是真诚，是与人为善，是激励、鼓舞。它本身有着自身的规律，需要我们去认真研究，审慎探讨，以求发挥其最大效应。

非正式表扬还要以事实为依据。尽管我们主张表扬可抓其一点，不必面面俱到，但表扬所涉及的方面必须真实可信，唯此才有力量。

第十辑

鼓励先进，允许落后

调整结构是组织变革的有效杠杆

　　一般的管理者满脑子想的是做事情，那种急于求成难免溢于言表，但对如何做事情却常常用心不够。

　　从管理者的角度说，做什么样的事情就需要什么样的组织结构。如果淮海战役和赤壁之战一样布兵设阵，后果定然不堪设想。

　　组织的管理层级过多，金字塔过于高、长，是大部分组织效率低下、信息不畅，甚至难以实现战略目标的瓶颈。在学校工作中，谁都不会否认以学生为本，以教学为中心，但真正让这样的追求落地，却并非易事，原因就是组织结构存在着严重障碍。在一般的学校里，从校长、副校长、中层部门到年级组、教研组，师生的需求往往要经过4到5个层级才能传递到最高决策层，可想而知，这样的结构肯定会生出诸多繁文缛节，真的能够以学生为本实在只能靠碰运气。至少，单靠组织结构本身的运作，是不敢抱此奢望的。

　　十一学校自2007年实施的扁平化组织结构，试图破解这样一种局面。首先是减少管理层级，副校级干部直接兼任年级主任或中层部门负责人，同时，把年级作为学校的事业部门，让其集教育、教学、科研、管理于一身，将权力和责任最大限度集中在这样一个实体上。而过去的中层部门不再作为一个管理层级，也不作为一个管理部门，而是成为职能部门，按照学校工作的总体规划与年级合作、协商开展工作。

当然，也有对年级工作的诊断和评价，但只能按照学校的既定方案，不得自定章程，自行其是。

这样的结构调整似乎带来了诸多问题。比如，许多时候可能"政令不畅"，过去中层部门召集教师会议特别是班主任会议，通知一下，招之即来，现在不行了，中层部门不仅没有权力通知开会，即使想推行某些工作，也必须事先与各个年级沟通、协商，只有在征得年级认可的情况下才有可能。应对上级的检查，提报上级的计划、总结、报表，过去也是"压倒一切"的硬任务，通知一发，老师们必须放下手头的工作全力应对，而被放下的那些"手头的工作"，往往是与学生息息相关的事情。这种"硬任务"现在也"硬"不起来了。

改革后的管理结构使中层部门与年级处于同一个层级，都成为校长的直接下属，各部门去开展工作的时候只能靠协商、合作，某些事情要沟通清楚，达成共识需要更多的时间，有时候其实是需要更多的智慧。过去在办公室里拍拍脑袋就可以在校园里"全面实施"的方案，今天已经变得不可思议，因为方案再好，也必须得到实施者的认同，而只有得到认同的东西，才有可能真正落地生根。这样的管理结构似乎让人们分不清一些人官职的大小高低，权威少了，行政的力量小了，需要商量的事情多了，管理变得不爽，有些耗时费力。

然而，调整后的组织结构让师生变得舒服了一些。首先，他们没有那么多会议了。过去，分管着不同工作的校级领导和主持着某项事务的中层部门主管就有近20人，人人都有权力召集老师们开会，人人都可以指使老师们做事，甚至某些干部不去这样指挥老师，可能就没有业绩，年度述职时无话可说，因为管理结构鼓励甚至鞭策他们如此行使他们的权力。当副校级干部和中层部门没有权力通知老师们开会的时候，老师们开始把精力更多地放在学生身上，他们有了更多的时间。其次，老师们的声音和需求可以直接受到学校最高决策层的关注，因为年级主任由副校级领导兼任，而他们同时又是学校决策机构即校务委员会的成员，所以，一线师生的意见、建议可以直接摆到校务会议的桌面上讨论。所谓快速响应师生需求的机制，其实是由组织结构的调整实现的。另外，调整后的结构使我们很难"顺利"贯彻错误决策，因为我们赋予了年级全面而又充分的权力，他们承担着为师生成长保驾护航的使命。因而，一切有悖师生利益的行为，包括学校的决策都往往受到他们善意的"抵制"。由于年级特定的地位，这种"抵制"常常容易引起大家的重视。于是，这些"抵制"又比较容易成功，以避免我们的管理误入歧途。

坦率地说，这样的组织结构调整容易伤筋动骨，必须系统设计、分步实施，且不可鲁莽行事。譬如，在减少中层部门的数量和行政干部的职数方面，我们用了近三年时间才把原有的十几个中层部门压缩到四个，而行政干部人数也相应减少。通过软着陆的方式解决结构调整带来的遗留问题是改革的重要策略，其实我们也愿意将此作为基本原则。

在组织变革的过程中，一般的管理者大都希望通过制定大量的配套制度来推进改革。过分看重制度的魅力，甚至迷信制度的万能，常常是我们这一代刚刚走出"人治"的管理者自认为千辛万苦找到的灵丹妙药。其实，任何制度的实施都是在特定的组织结构之中开展的，正像西方一位管理学家所说的，如果你把一群好人放到一个不好的组织结构里，很快他们就会成为一群互相指责的坏家伙。这就是组织结构的负面力量。而这个力量其实是很大的，即使我们在这个结构下纳入了很多制度，即使是一些力度很大的制度，也肯定会被结构的力量所抵消。因此，在寻求学校变革、推进教育教学改革的管理过程中，每一位管理者可能需要做许多事情，但是，腾出精力想一想组织结构的调整，可能会收到事半功倍之效。

鼓励先进，允许落后

全面推进改革，让改革之花满园绽放，是个很诱人的愿景，也常常被大部分管理者所向往和推崇，但却不是一个真实可行的变革之路。

教育教学工作是一项复杂而富有个性的高级劳动，每一所学校、每一个学科、每一个班级、每一位教师都各有不同，如果我们希望通过一场变革，让他们行走的方式甚至速度都一样，不仅没有可能，而且即使实现了这样的目标，那肯定也是违背了许多规律，是一个不可信的目标。

变革对每个人来说都会带来巨大的压力，即使无须脱胎换骨，往往也易伤筋动骨，因此，这样的变革需要时间。每一个人从观念的转变、策略的运用到方法的借鉴创新都必须经历别人无法代替的过程，感悟、体验、纠结、挣扎，每个人的内心都避不开疾风骤雨。这时候，一位智慧的管理者要学会等待，注意观望，等待着他们每一个人走过自己的心理路程，发现每一个需要搀扶帮助的机会。

可是，变革的雄心大略常常令大部分管理者急不可待，他们往往在暂时落伍的人群后面大声吆喝，甚至给予当头棒喝。在我们的身边，确有一些需要很长时间才可以接受某些新生事物的同事，他们学起来缓慢，但一旦上路却大都扎实稳健。每一个团队里，都需要这样的分子，在一个组织变革的过程里，管理者也容易通过他们弄清变革的缺陷，而通过管理与克服他们带来的变革的阻力，使变革变得更健康、更稳健。

这样说来，允许落后应该成为组织推进变革的重要策略，在某些时候，甚至可以把它当作变革的基本原则。但是，仅仅以如此的策略和原则又无法真正实现变革的目标，于是，我们还必须通过鼓励先进来推动变革的进程。

管理者在推动变革的初始阶段，往往很难给老师们提供鲜活、具体、可以借鉴的操作办法，而老师们渴望得到的也恰恰是这些具体而可以拿来用的方法。在他们的内心深处常常埋着这样一句话："领导不过是只会说说而已，不信让他来实际试试！"所谓"站着说话腰不疼"一类的抱怨在所难免，这时候，管理者要解放自己必须求助于老师。在一个团队里，如果你有一双发现的眼睛，总会找到那些走在前面的人。他们有着敏锐的眼光、高远的境界和智慧的头脑，他们总是能够把自己的积累与别人的经验进行嫁接，然后在自己的园子里开出灿烂的花朵。这些走在改革队伍前面的老师，是推动变革的希望和力量。一位智慧的管理者一定会紧紧地抓住他们，既放手和他们一起披荆斩棘，挖掉变革道路上的"地雷"，又让他们充当传帮带的助手。如此一来，改革就变成了老师们自己的事情，他们分享、他们探讨、他们争执、他们互助，搀扶着一路走来。纠结和幸福共生，冲突和奋发同在。这时候的领导，有时是首席服务官，有时似局外的第三方，他们走在变革队伍的中间，却又洞察变革进程中发生的一切，保障了变革的健康发展。

校长要走在改革队伍的中间

　　长期以来，我们已经形成了一种理所当然的文化，领导必须时时事事走在前面，冲锋陷阵。从某种意义上说，这确有道理，在某些事情上，也理应如此，可具体到组织变革，则需要另当别论。

　　在变革之初，肯定需要领导者组织大家共同描绘改革愿景，确定变革路径，选择推进策略。领导不动，任何组织不可能自动出发。然而，如果接下来的工作一律靠领导策动，甚至领导不动就无人前行，那我们真的应该审视一下，如此变革，到底有没有生命力。甚至我们应该反思一下，这样的改革有没有价值。

　　领导始终冲在改革队伍前头的风险很大，正像战场上的主帅一样，随便一个陷阱、无意一支冷箭都有可能使之葬身战火，尽管战争是我们策动的，但其中也有着不尽的变数。

　　学校的变革如同一场战役，战争的正义性是能否凝聚团队舍身忘我的基石。在今天这样一个时代，让人们盲目服从任何一位领导都已经显得苍白，服从真理才是凝聚一个团队的关键。因此，变革的科学性、可行性以及变革的价值在哪里，就必然成为团队中的成员特别是核心成员首先要弄清的问题。若大家在波澜壮阔甚至波谲云诡的变革中不仅波澜不惊，而且始终心明眼亮，坚持改革的目标，追寻改革的价值，即使在失去组织时依然上下求索，这时候，就一定会出现许多在不同领域走在变革前列的先行者。一位领导者如果能够及时地发现目标，敏锐地判定其中的价值，适切地给予强力的帮助，先行者便可以为团队披荆斩棘、铺路搭桥；即使走了弯路，也可以为后来者提供有益的借鉴。

这时候，领导者要运筹帷幄，既富足先行者之粮草，又鼓舞他们之士气，还要派一些别动队为之保驾护航，也会有一些特警及时前往营救。当然，安顿好后来者，让他们不惊慌、不退缩，理解变革暂时的曲折，相信风雨之后有彩虹，是确保团队保持凝聚力、向心力和战斗力的关键。

至此，我们可以清楚地看到，只有领导走到变革队伍的中间，才有可能履行如此艰巨之职责。如果心急情躁，凡事必冲锋在前，大不了队伍里多一个马前卒而已，一旦不幸阵亡，这支队伍必元气大伤。

十一学校在学校变革的过程中，人们常常看不到校长的影子，大部分时候都是一线的老师们在策动，有时候，校长也会出现在老师们中间，说几句"不要着急"一类的话，或者在风和日丽时，提醒大家不要丢掉雨伞，如此一来，变革便清醒了许多，也安全了许多。说到这里，读者可能感到笔者似乎塑造了一个"贪生怕死"的领导，其实不然。校长如此的策略，只是确保为变革，也是为变革中的老师们提供更加有力的支撑。由于身份特殊，他必须学会对更多的人、更重要的事有着更多的关注，仅仅冲锋陷阵，已经无法包罗他浩繁工作内容的全部，当需要导航的时候，他万不可埋头划桨。

当然，当变革出现急流险滩，遇有急风暴雨的时候，在最危险的地方，一定也会有他的身影。

让变革最大限度发生在"民间"

学校是一个知识型组织，每一位老师都是他自己那个领域的专业人士。每一个学科都有着不同于其他学科的独特规律，这就决定了学校里不可能有统一的权威。即使有些校长认为自己通晓一切、无所不能，那也不过是自己的误解罢了，老师们的内心是如何想的，那又是另一回事了。

在这样一个特殊的组织里，事实上我们已经很难用大一统的方式推动工作，更不要希冀用大一统的方式推动变革了。当然，也有些勇气过人的校长，校园里到处都是他自己的影子，时时事事挥舞着一刀切的大棒，但在他们手上的学校往往表面上欣欣向荣，实际上却暗流涌动，随时都有翻船的风险。

十一学校在推动学校变革的进程中，选择了另外的方式，即最大限度让变革发生在"民间"。这样，往往容易形成百花齐放的局面，也肯定造就五彩斑斓的生态。

然而，经验告诉我们，变革一直是发展的瓶颈，如果没有外力的推动，变革便很难发生。因而，策动变革就成为领导不可或缺的责任。

与老师们共同勾勒未来的愿景，是诱发变革的第一步。在推进教学方式变革之初，我们与老师们一起描绘按照不同学科教学规律施教的理想，大家长期以来的梦想与学校未来的规划融合在了一起。于是，建设学科教室，让教学资源最

187

大限度方便地进入学习过程，便促成了学生的走班上课，老师们开始坐在了自己的学科教室里工作。时间久了，每一间属于自己的教室，便有了一些学科的味道和个性的光芒。

教育的现代化可以有很多标志，但个别化却是一个回避不了的必要条件。在若干场合，我们与老师们一起憧憬小班教学的理想，解读由此我们可以破解的诸多过去我们苦苦不得其解的矛盾，让大家明确小班教学是未来不可逆转的趋势，但同时也让老师们清楚，在教师编制不增加的情况下，推进如此变革必然带来老师们周课时工作量的增加。终于，有些学科率先提出小班教学的方案，进而影响到其他学科的老师，于是，变革在没有行政要求的状态下发生。

在民间培育变革的种子，是领导者的长期任务。任何一位积极向上的老师都有变革的欲望，只是长期以来他们经历的往往都是"被变革"，这造成了他们对变革的误解和抵触。大多数老师都曾经历过一两次对过去学校改革浪潮的失望。迅速拥护一种新的改革，这个想法在一些人看起来很傻。要在这样一些经历过变革坎坷和挫败的老师中间启动变革的动力，必须悉心培育变革的种子。事实上变革的种子深埋在每一位老师的内心。在长期的教育教学工作中，他们有许多困惑，有很多矛盾，靠他们一个人的力量不仅无力解决，甚至他们都无从做出判断，更不能选择变革的路径。领导者的工作即可以由此切入，从一位位老师的内心发现一个个具体的问题，和他们一起弄清背后的原因，寻找解决问题的钥匙。在这里，有的难题老师们自己可以解决，也有的需要学科团队或班级团队的共同智慧或合力，当然，更重要的是需要学校层面对老师的帮助，无论是制度的突破、资源的整合还是评价的宽容，都是这颗种子萌动的土壤、水分和空气。在一个组织里，这样的种子有很多，但它们的需要又各不相同，万不可简单地给不同的种子以相同的呵护，因此，对一位领导来说，需要用在这里的心血是无穷无尽的。

及时调整学校制度乃至组织结构，是确保民间变革生命力之关键。当变革之园百花争艳时，学校原有的规章制度必然面临着重大挑战。过去认为行之有效的法则，今天可能成为变革的障碍。领导者此时需要审时度势，及时引导学校的管理阶层，认真倾听，大胆假设，小心求证，在变革之路上，不要自我设限。这时候，特别要注意提醒我们那些掌握着制度、资源的人们，面对着一线、民间的诉求，切不可轻易说"不可能"。走班选课之后，我们就必须放弃过去对班主任的职责要求，小班教学了，作业批改的要求也完全可以不一样。没有什么是不可以改变的，关键看是不是有利于师生的需求。

不破不立与先立后破

几十年来，不破不立一直是我们推进改革的原则。后来的结果已经告诉我们，正如造房子一样，当新房子还没有竣工之前，不分青红皂白地拆掉原有的居所，是十分愚蠢的事情。

学校组织变革尤其要警惕"破"字当头。人所共知的是，教育是育人的事业，而育人的事业是容不得失败的。在我们对那个诱人但尚未"立"起来的新东西弄清楚之前，便蛮横地"破"掉了尚无可以替代的"旧东西"，风险便由此发生。

因而，在十一学校，我们更多的变革坚持的是先立后破的原则。教学组织形式变为走班选课之后，重在建设各个学科的教学班，导师制成为新的组织形式下的重要制度。但是，我们很清楚，要真正让教学班成熟，让导师制落地，甚至最终实施咨询师和教育顾问制度，需要相应的时间积累经验，更需要等待学生、教师和家长的心理适应。于是，我们不是急于破除行政班制度，而是暂时保留了这个集体，让班主任制度与导师制并行。这样一来，不仅没有在改革之初造成学生、教师特别是家长的惊慌，事实上也对过渡期间的教育管理工作起到了补充的作用。

有些学科决定推行新的课堂教学模式，尽管这些改革的目标听起来很令人振奋，但我们一般还是主张在一些老师那里先行先试，待他们走过曲折、跨过坎坷、走出泥沼之后，再让其他老师紧随其后。如果在几十位老师的课堂上一窝蜂地推进某一种教学模式，那不知会有多少邯郸学步者，新的不会，旧的已丢，不仅令人尴尬，而且十分愚蠢。

其实，我们并没有把先立后破作为组织变革唯一法则的意思，只是为了防止长期以来已经形成的不破不立的想当然思维。事实上，在某些问题上，或某些时候，我们仍然不得不"不破不立"。如前所述，走班选课，变革之初，我们让班主任制与导师制并存，让行政班与教学班并存，确有必要。但是，当改革进入一定时期，我们便发现了另外的问题，继续保留班主任制度，不仅班主任已经失去了履行原有职责的条件，而且导师的工作也常常难以进入，班主任力量的强大，反而影响了导师走入学生的内心，行政班的"集体主义"往往对建设各个学科的教学班团队形成干扰，这时候，便应了那句"不破不立"的原则了。

有了感情再变革

有位刚刚履新的校长朋友告诉我，到这所新学校上任之初，一直抱定了不烧三把火、不踢头三脚的任职策略。可两个月来的管理经历却让她改变了主意，因为整个学校已经卷起了变革风潮，干部、老师们纷纷希望新校长能够大刀阔斧、革故鼎新，创造学校美好的未来。

看到她跃跃欲试的样子，我问了她几个问题：你认识所有的老师了吗？你与每一位骨干教师建立起良好的关系了吗？你清楚人们希望通过变革带来什么吗？显然，这位校长朋友都无法给我一个满意的回答。

其实，这位校长朋友所遇到的情景几乎是每一位履新的管理者都常常遇到的。无论那个组织的前任多么高明，也总是会留下许多值得改进和修正的空间，人们对此希望变革的期待可以理解，但重要的问题是如何变革。毋庸讳言，变革必然带来的是利益的重新分配，在任何变革中，一些人会心满意足，同时，也必然让其他人丧失既有利益，这是无法避免的。

一位履新不久的管理者，尽管面对着许多期待变革的目光，但我们仍然建议暂缓行动，因为，在那些期待的目光里面可能还有很多利益的诉求。试想一下，他们是不是真的希望来一场让自己失去诸多利益的改革？

我相信，在一个组织里应该有许多顾全大局、勇于舍弃个人利益的人们，但即使他们，也同样需要一些理由，下手伊始，方向尚未弄清，愿景亦未描出，感情也没建立，任何变革都有着诸多不确定性，一旦遇上风吹草动，脆弱往往就成了这种变革的重要特征，莽撞和乱来也极容易成为变革的代名词。

为什么？道理很简单，因为我们还没有与团队的成员建立紧密的感情纽带，人们不可能为自己尚不熟知的人割肉流血。大小同理，商鞅和王安石的教训可资借鉴。

也许有的朋友会拿宋江说事，在林冲、吴用们推举宋江坐头把交椅的同时，"聚义厅"即改为"忠义堂"，变革可谓神速。其实，研究一下宋江在此之前的作为即可明白，他在与梁山好汉们建构感情上下了多大本钱。

因此，无论变革的氛围多么浓郁，也无论变革的呼声多么高涨，任何一位履新不久的管理者都当从容淡定。要拿出更多的精力和时间，与组织里的每一位关键人物建立良好的关系，培养良好的感情，让他们认识你、了解你、理解你、信任你。当大家有了共同的感情基础、共同的愿景使命、共同的价值追求时，同甘共苦、风雨同舟才成为可能，变革之路上的荆棘才有人斩除，曲折和坎坷才会被认为是暂时的代价。

当然，除了利益重新分配可能带来的风险之外，变革还会触动原有组织的神经，甚至会冲撞一个组织的文化，我们必须给变革留出足够的铺垫时间。正如人们所说的，变革对于被变革者来说，许多时候就像收到一个亲人的病危通知书，需要一个情感接受期，理智上他们也知道需要改变，但情感上往往难以割舍。因而，一开始同样需要雷声大一点，雨点小一些。

在变革中发现可分配的利益

古往今来，古今中外；所谓云谲波诡，所谓气象万千，说来说去其实就是一部变革的历史。对于变革的评判，美国有位著名的管理学家曾说：历史上有过成功的变革吗？反正他还没有见到过。网络上征集人们对变革的评价，最让网友中意的却是"见过折腾，尚未见过成功的变革"。

变革为什么如此难以成功？不同的变革肯定有着不同的原因，但有一个原因却往往是共同的，就是变革中的利益分配，常常是导致变革搁浅甚至失败的重要原因。

无论表面上多么令人神往，无论说起来如何动听迷人，变革的本质都是利益的重新分配，变革必然带来变革群体每一位相关人士利益的再分配。无论是权力、资源还是人脉关系，原有蛋糕的大小已经确定，在过去的分配体制下，每位组织成员对于属于自己的那一块已心知肚明。今天，当变革来临的时候，变革者试图把那些眼看就要进入他们口中的那份再抽回来，甚至在他们眼巴巴盯着的情况下，送到别人嘴里，这样的变革还没有开始，就已经带上了"失败"的先兆。

因而，也可以说，那些不会把蛋糕做大，只能够在原有蛋糕大小基础上重新分配的改革，一般难有成功的机缘。这话听上去似乎有些不爽，但却基本上代表了变革的历史事实。

成功的变革尽管不多，尽管也有着各不相同的风格、特色，但认真体悟，却往往可以发现它们有着共同的特点，即把变革团队的蛋糕做大，让变革相关者的利益没有根本的损失，同时，还要使其中的变革中坚力量收获更多的利益。当然，最终的目标是让变革得到绝大多数利益相关者的拥护，让他们积极地参与变革、推动变革，最终实现组织变革的目标。

但是，考验变革者的智慧、能力也常常在这里。如何才能"把蛋糕做大"？既没有米，也没有面，既没有奶，又没有糖，所谓巧妇难为无米之炊也。一般的领导者往往把自己卡在这个环节上望洋兴叹。

其实，这时候的领导者需要的是发现资源和发现需求的能力，说到底，就是根据团队不同成员的不同需求去组织不同资源的能力。有些资源在有些人的手上，其实是垃圾，换到别人眼里，却成了宝贝；有些资源过去长期闲置，今日可以把它激活；过去我们习惯于在自己的视野范围内定义资源，现在我们可以在云计算的背景下把宇宙的资源为我所用。

扁平化的行政管理模式，让管理干部失去太多在老师们面前指手画脚的机会，但新的体制下的从容安静却给他们开辟了成为某个领域专家的健康通道；教学组织形式变革取消了行政班，让资深的班主任们失去了往日的光环，但在年级分布式领导框架下，咨询师、教育顾问、课程主管、评价管理却让他们大显身手；课堂教学我们注重还给学生自主学习的机会，难免让一些讲得精彩的老师感到失落，可是，校园里的名师大讲堂却让他们在更大的空间里展示才艺，如此等等。如果我们时刻在内心有一个利益补偿的念头，并构建起一个利益补偿的机制，就会倒逼我们去发现许多可供分配的利益。

先开枪，再瞄准

在十一学校，通过教学组织方式变革，学生到不同的学科教室选修不同的科目后，语文、历史等学科教室需要配置大量图书。这些教室实际相当于学校图书馆的分馆，但是，其中的图书管理却是一件新鲜事，既无现成可供借鉴的经验，也没有那么多人手可以保障管理，而且，大家对分散到各个教室管理的图书可能会发生多少问题心里也没底。

面对各方的忐忑、怀疑或者不知所措，我们没有选择等待，而是毅然决定紧密配合教学组织方式变革这一学校重大改革的推进，在改革的第一时间将图书配置到有需要的教室。尽管所制定的图书管理使用制度肯定还不能够应对未知的世界，但是我们相信，适合的管理肯定会在实践探索中不断完善。

2001年我访问斯坦福大学，正赶上他们的毕业典礼。代表老校友讲话的是惠普刚上任不久的首席执行官卡莉，她的"先开枪，后瞄准"的战略思维引起了我们许多人的兴致。在卡莉接任前，惠普的业绩一度跌入低谷，从持续多年年增长30%跌至1998年的3%，有2000多名中高级管理人员大幅减薪。为什么？卡莉认为，在过去的60年里，惠普是通过强调品质卓越、尊重员工获得成功的，这本身没有错，但由于过分追求，在这样一个信息时代却牺牲了决策与行动的速度，而一旦丧失先机，便处处被动。因此，卡莉提出了著名的速度逻辑："先开枪，再瞄准！"如果说过去研发的每一件新产品成熟度要达到95分才推出，现在则可以达到80分时就推出，然后放到市场中去检验，整合客户的智慧改善产品。

　　还是回到学校教学组织方式变革的实践中，刚开始，我们一直下不了决心，因为，在这场改革里，谁都是新手，谁也难以预测未来的遭遇。没有了行政班的学生如何管理，原来班主任的职责谁能承担，问题学生如何发现，学习动力来自何方，如此等等的问题一直困扰了我们好久。然而，不改革，我们面临的问题更加严峻，从孔子即提出的因材施教的教育原则一直无法在校园里落地，不同个性、不同成长需求的学生仍然被大一统的课程所困扰，社会对人才需求的多样化与校园内培养模式的一刀切格格不入。在这样的矛盾冲突中，我们不再等待，因为，等待只能让我们远离未来。于是，在不可能具备完善的操作方案的情况下，我们集全校之力，通过头脑风暴等各种手段排查出了变革可能会带来的160多个风险，一一追问，逐条研讨，分别管控，大家喊着号子自我壮胆，战战兢兢，如履薄冰，踏上了教学组织方式的变革之路。当然，后来出现了许多问题，也确实出现了许多之前不曾想到的风险，但也大都在变革的过程中被大家的智慧和热情所化解。再说，如果我们不去推动这场变革，即使再经过多少年我们也无法预测到其中的问题，由此可见"先开枪"的重要意义。

用改革的思路解决改革中出现的问题

为改变课堂教学方式和学习方式，增加学生获取信息、解决问题的渠道，我们把电脑放到了教室里和楼道上，可是，问题接踵而至，个别学生借机玩起了游戏，损坏电脑的事情也时有发生。于是，忧心忡忡的老师们建言：还是把电脑搬走吧，不然的话，还不知会闹出什么乱子来。

电脑搬进教室，是一件很难的事情，但搬出教室，却是轻而易举的。但是，教学方式与学习方式的改变却必然会出现退步，这样的事情多了，校园里就不再具有勃勃生机。

几乎所有研究组织变革的专家都坦言，尽管大部分组织都在尝试着变革，但成功的变革可谓凤毛麟角。于是，研究变革失败的原因，又成为大量管理专家的重要课题。尽管人们对失败可以列出海量的原因，但其中有一项却屡屡出现在大家的共识里，就是当改革出现问题的时候，人们往往习惯于回到改革前的老路上，而不是选择用改革的新思路、新方法去应对改革的挑战，解决改革的难题。

学校实施体育课程由学生选修之后，一度由于场地、师资原因，个别学生的选择没有得到全面满足，又因为选择后的教学班不再是过去的行政班，而是由许多班级的同学组成，考勤难度大大增加，因此，就有个别学生私自跑到自己感兴趣的另外的班里上课，一时间考勤成了体育课程的难题。这时候，一个传统的声音冒出来：回去！过去每节体育课都是一个行政班的学生，检查考勤特别方便，同学之间的监督也很容易实现。可是，我们上体育课到底是为了什么？仅仅是为了方便考勤吗？显然，我们必须寻找改革的思路来研究遇到的新问题。其实，这个新问题还是老问题的变异，就是我们仍然没有提供可以完全满足学生选择的多样化课程，或者我们在学生选课方式上仍有许多可以改善的地方；还有，即使我们不可能在每个学科里全部满足学生的个性化需求，我们也应该让学生明白，在中学三年的每一段学程里，他们未来还有哪些可以选择的机会，让他们不必仅仅为了当下课程的选择不如意而苦恼，甚至以违反纪律的方式满足自己暂时的兴趣。当我们以这样的思路解决问题的时候，问题自然会越来越少。

当我们建设学科教室，将每个学科教室都变成图书馆的一个分馆时，教室里开架的图书管理成了一个新的问题：方便师生阅读、使用的目标实现了，但图书丢失和损坏的问题却接踵而至。传统的思维当然是给教室里的书柜上锁，然后让学生的每一次借阅都像图书馆里一样履行严格的借阅手续。可是，改革的思路却不能容忍这样的烦琐，学生们也不再愿意忍受如此的麻烦。于是，我们将教室里的图书管理岗位，开发为学校的管理课程，让师生在课程的实施、完善中凝聚解决问题的智慧。

学校取消三好学生评选的初期，由于个别学生和家长的功利之心，一时间有学生不太关注学科间的平衡发展。于是，有人耐不住性子了，希望重新回到过去的评优思路。但是，长期的管理实践经验告诉我们，那种始终限定比例的三好学生评选，总是把学生一分为二，连家长都已经介入其中愈演愈烈的不正当的同伴竞争，已经严重伤害到我们的育人目标。其实，我们用改革的思路，仅仅调整一个学分获取的权重，出现的问题即可得到有效的解决。

改革的大方向，改革代表的潮流，必须让团队的每一个人埋在心底；只要改革就一定会出现问题，也应该让参与其中的人们心知肚明。但是，必须用改革的思路解决改革中出现的问题，也必须成为大家共同的思维方式和行为习惯，如此，改革才会走向可持续的成功。

第十一辑

创建孩子们向往的理想学校

参与还是参加？

　　尽管我们在鼓励学生参加一些活动的时候，都喜欢说"重在参与"，但当学生按着我们的鼓励去积极争取的时候，真正能有机会"参与"的往往寥寥无几，绝大部分学生只是形体上的"参加"罢了，他们其实不过是活动的旁观者或者陪衬。

　　为什么会这样？

　　因为我们没有把活动当作每一个人的事情。

　　于是，运动会上观众往往几倍于运动者，这也是各个学校在建造运动场的时候，一定要不惜代价建造一个偌大看台的原因；于是，我们竟然培养了一些始终当班长、一直主持升旗仪式、开学典礼发言、成人仪式也讲话的学生；于是，我们设计了所有都是个别学生"参与"而绝大部分学生只能"参加"的活动；于是，当我们想起来要培养学生的主动性和责任感的时候却明显感受到力不从心，甚至事倍功半！

　　基于这样一些教训，我们在确定学生活动的原则时，力图短小精悍、生动活泼，尤其主张每一名学生的参与。在实践过程中，我们明显感觉到，要实现这样一个目标，应尽可能让活动范围变小，主题、主旨明确。譬如，我们的春季趣味运动会，由过去在操场上全校一起举办，变成小团队寻找社会上一些专业性场所分类举办，甚至升旗仪式也在尝试着在不同的范围里，用不同的形式举行，以增加孩子们的参与度。

但对于一个学校来说，没有大的活动自然也是缺憾。

2010年的开学典礼给了我们信心。在4000多师生员工都同时参加的活动里，我们完全可以做到让每一个人都"参与"进来，其中的"媒介"就是一本开学护照。在这本护照里，我们分别设计了师生之间、同伴之间、亲子之间签名、留言等一系列栏目。在被严格限定不得超过30分钟的开学典礼上，各位典礼嘉宾通过大屏幕现场抽取幸运师生上台互致祝福并签名留言。这一环节牵动着在场所有人的心。而接下来则是全场老师为每一名学生颁发开学护照、师生相互签名、留言的时间。这时，台上台下，都是激动的心跳、洋溢的笑脸、欢乐的海洋。这个时候，我们才感到，每一个人的确"参与"了活动，活动已经属于每一个人。

有了这样的经验，泼水节诞生了，狂欢节也诞生了，篝火晚会、师生舞会也复活了。因为，这些活动无须特意策划，达到人人"参与"的目标往往是水到渠成的事，只是我们预先把活动的主题想清楚并为之埋下伏笔罢了。

一个文明社会的建设需要成熟的公民，而责任心则是公民不可或缺的最基本的素质。若每一名今日校园里的孩子都有了"参与"之心，我们对明天的期待即大可放心。

寻找学校活动的起点

2008年，十一学校首届"十佳学生"表彰活动搞得隆重热烈，策划者将许多著名的成功人士和杰出校友请到表彰现场，让他们为十佳学生颁奖并寄语全校师生，设计者还别出心裁地安排获奖者走红地毯，整个活动气氛热烈，无论是受表彰的还是参加活动的学生，都深受感染。于是，在接下来的"学生最喜爱的十大校园活动"评选中，"十佳"表彰活动榜上有名，位列第四。

第二年春天，第二届"十佳"表彰活动如期进行，策划者凭主观以为，既然上届活动如此成功，且已在评选活动中证明是学生喜爱的活动，于是，不由分说就原版复制了首届的流程，而且还将此美其名为学校的保留项目。结果，在接下来的"学生最喜爱的十大校园活动"评选中，"十佳"表彰不仅没能保持第四，连前20名里也未见踪影。

为什么？

深入访谈后我们才明白，对于学生来说，一个活动可以承载许多价值追求，你也可以设定若干教育目标，但是，有一个东西是不能丢的，这个东西就是一个"新"字。离开了"新"的要素，就很难吸引学生，也就很难实现设计者的初衷。

事实上，这个"新"字，正是我们学校管理者开始设计学校管理活动的起点，理由很简单，因为我们面对着的是正处青春花季的少年。离开了这个，管理工作就可能事倍功半，甚至事与愿违。

所以，在接下来的时间里，我们梳理了全校的学生活动课程，逐一探讨改造，把"新"字嵌入所有的活动中。譬如，每年两次的运动会，过去春季一直是趣味运动会，秋季全是田径运动会，年复一年，从运动项目到组织形式基本不变。有了启发之后，我们便"新"字当头，把春季运动会演绎为寻找童趣、青春拓展和职业模拟运动会，或把学生儿时的游戏引入，或把孩子们拉到社会的拓展基地活动，或让他们模拟不同的行业人士参加运动会；把秋季田径运动会改造成了开阔学生国际视野的课程，依次为国际奥林匹克运动会、世界民族运动会和五洲城市运动会，一个班或代表一个国家，或假扮一个民族，或模拟一个城市参加运动会。学生在校三年的时间里，运动会的组织形式不重复，这种尝试深受学生们喜爱，而这正是组织教育活动管理的起点。

开学典礼往往是所有学校活动中最难设计的，要想让每一个人喜欢，让全校师生在同一个时间，从中寻找到属于自己的乐趣实属不易。很幸运，2009年的开学典礼第一次被学生们评为他们最喜欢的校园十大活动之一，而且名列第五。于是，我们随即跟踪调查他们喜爱的原因，结果发现，每个人的名字和照片在校园大屏幕上滚动，通过抽奖嘉宾抽取幸运学生到主席台与杰出校友结对，每一名学生在现场都有被抽取的可能，这个活动牵动着每一名学生的心，所有人能真正参与，每个人的心灵都受到震撼，是他们喜欢的最重要的原因。

于是，管理的起点又有了一个关键的词汇——参与。每一个活动，如果仅仅有学生形体的"参加"，学生形在而神不在，不是我们的追求，我们必须撼动学生的心灵。

2010年的开学典礼以一本"开学护照"为载体，牵动着每一位师生的心。在短短30分钟的时间里，会场上，台上台下全是老师和学生们在开学护照上互相签名、互赠祝福、相互合影留念、相互拥抱的场面。一本开学护照承载着他们的希冀、梦想与期待。整个欢腾的会场感动着在场的每一个人，活动实现了从"参加"到"参与"的提升。

创造属于形式的力量

2011年4月，刚刚结束的十一学校学生代表大会选举产生了新一届学生会，最终的议程里有一项是有关校长的。显然，校长是没有权力像其他活动一样为当选者颁发聘书的，讲几句话表示祝贺和勉励，基本都脱不出孩子们能猜到的那些套话。于是，我们选择了一种"形式"，给"形式"赋予特定的内涵，让"形式"代表校长说话。

这个"形式"被我们命名为"击掌礼"，校长上台与新当选的学生一一击掌，其中包含着祝贺之礼、信任之情和期待之意。现场效果极佳，且让学生终生难忘。

"形式"承载着内容，显现出巨大的能量。

成人礼也是我们学校十分重视的一个重大活动，孩子们甚至已经把举办成人礼的日子视为一个节日。在这个仪式上，老师、同学、家长们的一言一行、一举一动都包含着不一样的力量，都有着特别的内涵。迈向18岁，标志着孩子们将肩负起属于自己的那份责任。顺理成章，我们开发了一个叫作"拍肩礼"的仪式。在典礼进入高潮的时候，校长走向一个个庄严的18岁的孩子，双手三拍他们的双肩。这三拍已经区别于常态生活中的那许多次拍肩，被赋予了特别的内涵，令他们情感升华、责任内化。

过去的开学典礼一直让我们很苦恼，如何让每一名学生都有情感的"参与"，而不仅仅是形体上的"参加"？为此，我们设计了开学护照，让师生在30分钟的开学典礼上互相交流，签名留念，且由签名老师与学生行"拥抱礼"，师生情在拥抱中变得更加醇厚。当然，开学典礼上还有一个校长的"鞠躬礼"仪式。这个仪式是校长代表校方，也代表家长，将接收的孩子们的未来托付给了老师们。这个"鞠躬礼"，既有拜托，也有感谢，更有敬重。

我们每年6月举行的泼水节是为了让孩子们放松，但如何赋予其更多的内涵，增加其教育的含量，也是我们一直探求的。于是，在师生的智慧里，诞生了泼水节开幕式上的"洗礼"，由校长向全体参与的学生泼一盆消除大家疲劳、烦恼的"智慧之水"，成为孩子们向往的事情。由此，校长的一盆水里竟然有了让孩子们放松心情、摒弃同伴间的前嫌、以健康的心态迎接新生活的丰富内涵。

"内容为王"自不待说，但面对着处于青春花季的孩子们，如何让内容有一个生动活泼的形式承载，使好的教育在喜闻乐见或撼人心魄的方式下得以实现，这往往需要教育者的匠心独运——开发或选择一个恰当的形式，既显示出教育的智慧，也具有教育的力量。

谁是优秀校友

谁是优秀校友？这是一个既容易回答又很难说清楚的问题。

说它容易回答，是因为现实中许多学校都时不时地以不同的方式拿自己的著名校友宣传自己，动辄部长、总裁或博导、院士等，不一而足，哪一所学校都可以随时列出一长串名单。

说它很难说清楚，就是因为我们必须在回答了优秀校友的标准之后，方能界定自己的优秀校友，而把优秀的标准弄清楚，就着实不是一件容易的事情了。

很显然，大部分学校大都以校友们当官的级别、职称的高低、知名度的大小来为优秀排序。这样做，似乎很容易被大部分人所接受，但问题是，又很容易让人们想起另一句话，就是过去我们不断提醒学生的"三百六十行，行行出状元"。如果仅仅拿官职的大小、职称的高低说事，我们如何在今日的校园里落实全面发展和全员发展的育人目标？

说到这里，似乎已经很难为我们的优秀校友确立一个恰当的标准，但谁是优秀校友的话题却容不得每一位校园管理者回避。我想起了在美国陆军学院曾经与一位白发教官的谈话，在他的心目中，西点最令人骄傲的校友不是既当过常春藤盟校校长又当过美国总统的艾森豪威尔，也不是先后担任两届总统的格兰特，而是麦克阿瑟和巴顿，他们在学校期间出类拔萃的学业成绩和战场上卓越不凡的战功都不折不扣地诠释了西点精神。当然，如何评价这些同样伟大的人物我们无法妄加评判，但从中我们却可以看出这位白发教官确定优秀校友的标准，他认为西点军校不是以培养总统为目标，而应该将之办成真正培养将军的地方。学校值得自豪的应该是那些事实上与自己培养目标相一致的校友。

曾经与一所地处某省城的师范大学的领导聊天，他话里话外的优秀校友全都是行政干部，而且他十分自豪的是，他们学校毕业的学生大都不需要当老师，被分配到省直机关的毕业生位居全省第一。惊讶之余，我在心里问了他一句："何不把学校的名字改了？"很遗憾，不仅师范学院不以培养教师为荣，工程师的摇篮似乎也不为自己培育的工程师骄傲，医学院甚至列举校友的时候也把自己校友中分管教科文卫的副省长、副市长放在首位，而忘记了他们培养的杰出医生。悲乎！我们似乎已经忘记了我们的本分，丢失了我们的使命。

事实上，回答谁是优秀校友，已经不是一个简单的问题，它需要我们每一所学校首先要明确自己的培养目标。尽管国家的教育方针已经为我们确定了明确的方向，但具体到每一所学校，必须结合自己的历史、传统、文化和资源的现状有一个属于自己的使命。在这个使命下思考优秀校友的标准，自然水到渠成。

十一学校致力于培养思想活跃、言行规范的各个行业的领军人物，因而，我们在校园的"优秀校友风采录"中，尽量选择那些与之相应的校友向学生们推荐。尽管我们同样为那些官居高位、名声显赫的校友自豪，但为了引导师生笃定培养目标，我们便经常忍痛割爱，暂且有所选择地推介那些在各行各业具有创新成果甚至因为自己的思想而推动行业和社会进步的校友们。

学生和学校，谁的特色更紧要

经常看到或听到一些教育同行介绍创办特色学校的经验：有的学校有1000多名学生，便买来了1000多个葫芦丝，校园里天天洋溢起丝竹之声，于是艺术特色学校的牌子挂在了校门口；有的校长瞄上了轮滑，学生则人人在校园里学起了轮滑，于是，体育特色学校的牌子也抱回了学校；更有许多学校以类似的办法办成了书法特色、科技特色甚至专利申请特色学校。当这样的学校如雨后春笋呈现的时候，在我们的内心却充满了疑问和忧虑。

疑问的是，如此的校园里，难道所有的学生都有相同的爱好？每一名学生都有一样的兴趣？也许我们会说，爱好是可以培养的，但是，如此不分彼此、不分特点的培养，对有些学生来说，他们该付出多大的机会成本？如果他们以同样的精力和时间去选择更加适合自己特点的领域学习，是不是会有更大的收获？

忧虑的是，到今天为止，我们直接从事教育工作，甚至直接管理学校的人们，仍然弄不清楚一些基本的教育问题。一位教育行政长官，在殚精竭虑地谋划一方教育发展的时候，却在不自觉地损害着学校；一位学校管理者，在鞠躬尽瘁追求办好一所学校的同时，却不小心伤害了不少学生。在一些地区，教育的名声大了，学校应有的权力小了；在一些学校，学校办出了特色，但学生却没有了特点，他们甚至找不到自己了。

学生和学校，到底谁的特色更紧要？这是我们每一位教育工作者，尤其是教育管理者首先要明确的大问题。在梳理我们的教育思路时，是为了学生办好学校，还是为了学校而教好学生，是完全不同的两条道路。尽管我们十分理解目前一些教育管理者和学校管理者出于许多考虑，急待办好一方教育和迫切办好一所学校的渴望，但我们仍然不能无视把学生当作制造教育政绩的工具所带来的巨大危害。

创办特色学校本身没有错，重要的是应该以此为每一名学生的个性成长提供帮助，搭建舞台。在这样的学校里，如果有越来越多的适合不同个性学生的课程，有不同成长需求的学生鸟飞鱼跃的空间，我们才可以认可这些学校特色的成功。反之，由于我们创办特色学校的考虑，把不同个性的学生和有着不同成长需求的学生赶到同一条大道上，这样的特色学校实在是贻害无穷。

其实，通过我们的教育，把孩子们变得越来越一样，越来越有一些共同的东西，这是我们教育的长项，也是我们东方教育的传统。对有些方面来说，这没有什么不好，但如果多往前走几步，我们就会离真正的教育越来越远，毕竟我们最终希望每一个孩子都能"做最好的自己"。在我们的教育理想里，真正的特色学校应该让每一个学生都富有个性，都能在校园里找到属于自己的独特的成长之路。课程的丰富性、多样性可以支撑各种有不同需求的孩子的成长。尽管我们离这样的理想还有很大的距离，但却不能因为眼下难以完全实现而放弃这样的努力，甚至走上一条离这样的目标越来越远的反向的道路。

创建孩子们向往的理想学校

我有一位校长朋友在一所优质学校工作，学校在当地早就是龙头老大，不仅办学历史最长、教学质量最高、校园设施最好，即使学校的大门口在那个城市里也堪称一道风景。校长的社会地位自然水涨船高，从家长到市长全都对他待若上宾。于是，这位校长感到功成名就无事可做了，目标也变得迷茫起来，甚至，他竟因此而有些苦恼。

听着他似是苦闷实为自豪的诉说，我想到了曾经遇到过的许多类似的校长，在他们身上，有着令人钦佩的敬业精神，超乎常人的能力、气魄，而且他们大多都曾经是课堂上学生喜欢的老师。可是久居高枝，他们却常常不太认识自己，甚至也不太认识自己的学校。因为，他们对自己和自己学校的认识，基本上是社会各界对他们那些当面嘉许的汇集，对这些溢美之词，他们竟幼稚地信以为真了。

可是，当与他们讨论起学生、老师们在校园里的感受时，这些校长朋友却常常无言以对，或者不屑，或者不愿，或者认为不必谈及。他们更加在乎的是校园外的人们如何评价学校，他们常常以为有了年年攀高的升学率数据便可以抵挡一切，至于孩子们和长年累月甚至终生都待在校园里的老师们是不是幸福，却常常被忽略了！

一般来说，升学率高的学校往往是家长们推崇的地方，却不见得是孩子们向往的去处，所谓优质学校的桂冠也常常由校园以外的人们编织，而真正理想的学校，应该取决于孩子们和老师们是不是嘉许。

可是，我们一般只知道从薄弱学校到优质学校的差距，却往往并不清楚从所谓的优质学校到理想学校的距离。

这个距离到底有多大？这个距离到底在哪里？杜威在《我的教育信条》中认为，学校必须呈现现在的生活，即对于儿童来说是真实而生气勃勃的生活，像他在家庭里、在邻里间、在运动场上所经历的生活那样。

我曾经对各级评估学校的指标体系进行过研究，非常遗憾的是，在这些大同小异的方案中，在那些林林总总的指标里，几乎看不到学生的影子。与学生相关的指标不是没有，但已经转化为冰冷的及格率、优秀率、毕业率以及犯罪率，而有关教师的评估，则是学历、职称、著书立说和科研成果。

我经常反思我们的教学能手评比制度，在各级金奖、银奖、名牌教师的诞生过程中，听不到孩子们的声音；即使在校园里的听课议课中，我们几乎也从来不让学生参与，忽略学生的感受已经从习以为常走向麻木不仁。

有人说，评价一所学校可以有很简单的方法，看一看校园里学生们的眼神也就可以断定学校的优劣。尽管我们知道这是一个很有道理却不便操作的方法，但其中包含的价值取向却是大家普遍认同的，我们理应把评价学校的着眼点、落脚点和着力点转到学生身上。

我想起了很久以来关于谁是教育消费者的争论。当然，站在不同的角度会有不同的结论，但是，对于一所学校来说，单纯就家长和学生双方，我们是更关注家长的需求，还是更看重学生的需要？毋庸讳言，长期以来，我们把教育的消费者锁定为家长，办家长满意的学校，成为我们不少学校的至高追求。于是，我们常常忽略学生的需求，把学生仅仅当作可供加工、没有生命的产品或零件。结果，学校"优质"了，家长满意了，学校的名声也出去了，但却苦了学生，甚至许多学校竟因为被"誉"为当地的"文明监狱"而沾沾自喜。

今天，我们仍然需要重提苏霍姆林斯基那句发聋振聩的话，他说："教学大纲、教科书规定了给予学生的各科知识，但是没有规定给予学生最重要的一样东西，这就是幸福。我们的教育信念应该是培养真正的人！让每一个从自己手里培养出来的人都能幸福地度过自己的一生。"

如果我们教育的终极目的是塑造孩子们的幸福，按照杜威的观点，在校园里的教育过程自然也是一段可圈可点的生命历程。我们不仅要着力于孩子们未来的幸福，校园里孩子们的现时的幸福也理应成为我们的共同关注。如果是这样的话，我们完全有理由去全力打造学生向往的理想学校，尽管走向这样的理想学校要经历许许多多艰难与风险，包括经营者心灵的磨难，但是这个追求是崇高的、值得的。

出 版 人　所广一
责任编辑　何　薇　刘　灿
封面设计　众耀伟业
责任校对　贾静芳
责任印制　叶小峰

图书在版编目（CIP）数据

面向个体的教育／李希贵著. —北京：教育科学出版社，
2014.2（2024.10重印）

ISBN 978 – 7 – 5041 – 8359 – 0

Ⅰ.①面…　Ⅱ.①李…　Ⅲ.①教育—随笔—中国—文集
Ⅳ.①G52-53

中国版本图书馆CIP数据核字（2014）第 018324 号

面向个体的教育

MIANXIANG GETI DE JIAOYU

出版发行	教育科学出版社			
社　　址	北京·朝阳区安慧北里安园甲 9 号	邮　　编	100101
总编室电话	010 – 64981290	编辑部电话	010 – 64989179
出版部电话	010 – 64989487	市场部电话	010 – 64989009
传　　真	010 – 64891796	网　　址	http://www.esph.com.cn
经　　销	各地新华书店			
印　　刷	运河（唐山）印务有限公司			
开　　本	720 毫米 × 1020 毫米　1/16	版　　次	2014 年 2 月第 1 版
印　　张	14.5	印　　次	2024 年 10 月第 39 次印刷
字　　数	150 千	定　　价	39.80 元